AF619700

LE XIXe SIÈCLE

FINIRA-T-IL PAR AVOIR UN STYLE D'ARCHITECTURE QUI LUI SOIT PROPRE?

LE XIXE SIÈCLE

FINIRA-T-IL PAR AVOIR UN STYLE D'ARCHITECTURE
QUI LUI SOIT PROPRE ?

SOLUTION PRATIQUE

PAR LA THÉORIE HARMONIQUE DES PROPORTIONS

ET PAR UN CONCOURS UNIVERSEL

SUR LA COMPOSITION DES PREMIERS ÉLÉMENTS ARCHITECTONIQUES

PAR

M. AUG. DU PEYRAT

ANCIEN INGÉNIEUR A L'ILE-BOURBON
INSPECTEUR DE LA SOCIÉTÉ FRANÇAISE D'ARCHÉOLOGIE
MEMBRE DE L'INSTITUT DES PROVINCES DE FRANCE ET DE PLUSIEURS SOCIÉTÉS SAVANTES

Non nova, sed nove.

PARIS, DERACHE, rue Montmartre, 48
HACHETTE, boulevard St.-Germain, 77
DENTU, Palais-Royal

CAEN, A. HARDEL, rue Froide, 2

1864

TABLE DES MATIÈRES.

1re PARTIE. — ESTHÉTIQUE.

2e PARTIE. — TECHNOLOGIE.

PRÉFACE.

Après de longues études sur l'art architectonique, j'ai eu le regret de ne pouvoir les appliquer, et j'ai dû faire violence à mes goûts en les interrompant plusieurs fois dans le cours de ma vie laborieuse; vie nomade, agitée, toute d'abnégation, de devoir et de dévouement, incessamment partagée entre les grands travaux des ponts-et-chaussées, des canaux, de l'industrie coloniale et de l'agriculture.

Dès 1831, j'avais entrepris un ouvrage considérable sur l'esprit de l'art; forcé de l'interrompre par d'autres occupations, je ne pus m'en occuper sérieusement que long-temps après, en 1846, où je le repris avec beaucoup d'ardeur. Les événements de 1848 me forcèrent de l'abandonner encore, non pour faire de la politique, mais pour me livrer exclusivement à la culture de mes champs; ce n'est qu'en 1855 qu'il m'a été possible de dérober un peu de temps pour le consacrer à mes chères études dont j'ai publié, à cette époque, une première partie sous ce titre : ***Essai sur l'esprit de l'art architectonique, appliqué à la construction des monuments religieux.***

Ne pouvant plus achever l'œuvre considérable commencée depuis si long-temps, je veux du moins traiter la grande question plusieurs fois posée et qui est restée sans solution : « Le XIXe. siècle finira-t-il par avoir un style d'architecture qui lui soit propre ? » —Je vais d'abord commencer par essarter les broussailles qui obstruent la nouvelle voie qu'il s'agit d'ouvrir ; d'autres, plus heureux que moi, poursuivront plus tard mon œuvre en l'élargissant, et je fais les vœux les plus ardents pour qu'ils obtiennent les plus grands succès.

En présentant aux amis de l'art le résumé de mes études, de 1831 et de 1846, je dois les avertir que je n'ai pas cru devoir en effacer la teinte religieuse qui était en harmonie avec mon premier ouvrage, et qui ne l'est plus autant avec celui-ci qui devrait être traité d'une manière purement scientifique ; mais pour cela il faudrait refaire le premier travail, et je n'en ai pas le temps maintenant. J'ose pourtant espérer que ceux qui ont le sentiment de l'art, liront avec quelque intérêt les dix premiers chapitres qui traitent de l'esthétique, tandis que d'autres esprits moins impressionnables, mais plus positifs et pressés d'arriver au but, se borneront à les parcourir. Ces derniers, plus savants qu'artistes, porteront de préférence leur attention sur la technologie, renfermée dans les six derniers chapitres où la théorie de l'art est exposée au point de vue pratique, afin de traiter synthétiquement la question proposée, question immense qui, dans l'état d'avancement de nos connaissances, ne peut recevoir une entière solution que par le concours mutuel des artistes et des savants.

Aujourd'hui qu'une haute pensée plane sur l'Europe pour réunir les esprits divisés, dans l'intérêt mieux compris des peuples, cet ouvrage vient apporter une petite pierre à la grande œuvre qu'il s'agit d'édifier. Après tant d'années d'études infructueuses, il est enfin devenu opportun de le publier, ne serait-ce que pour débarrasser l'art des entraves qui le paralysent, en jetant un grain de vérité sur la terre fertile des intelligences où il germera et fleurira, à coup-sûr, s'il est bien cultivé.

Il est devenu nécessaire de réunir les esprits, aussi divisés dans l'art que dans la politique, et le moyen le plus sûr est un concours universel sur la composition des premiers éléments architectoniques, d'après les bases du programme exposé dans tous ses détails dans les chapitres XI, XII et XIII de cet ouvrage. Telle est notre conviction profonde : Dieu veuille qu'elle soit partagée par les amis de l'art et de la prospérité des nations.

Aug. DU PEYRAT.

Beyrie, mai 1863.

INTRODUCTION.

Lors de la dispersion des hommes sur la terre, des colonies s'établirent sur divers points de l'ancien monde et formèrent autant de peuplades distinctes. Le premier besoin de l'homme, alors si misérable et frappé d'une terreur encore récente, fut d'abord d'apaiser Dieu par les sacrifices et la prière : de là les autels et les plus anciens temples consacrés à la Divinité. Il fallut en même temps qu'il se mît à couvert des intempéries, et la nature ne lui offrant pas des abris assez salubres ni assez commodes, la nécessité, mère de l'industrie, appela l'art à son secours. A force de travail, il parvint à creuser une caverne sur les flancs des coteaux de certaines contrées (les Troglodytes), et, dans d'autres, selon les matériaux qui se trouvaient à sa portée, et dont le plus souvent les arbres des forêts firent tous les frais, il éleva une cabane (les plus anciens Grecs), et ce fut là son premier chef-d'œuvre.

Les premiers hommes, réunis en tribus, furent pasteurs, chasseurs et pêcheurs; ils domptèrent facilement les animaux, alors fort doux, et les élevèrent pour leur usage. Ces premiers hommes, vivant sur une terre fertile et puissamment féconde, se multiplièrent très-promptement; ils se réunirent ensuite avec d'autres tribus par le commerce des échanges de leurs productions, et ces réunions, en augmentant la population, firent naître de nouveaux besoins : il leur fallut des habitations particulières plus commodes pour les familles, des parcs et des enclos pour les bestiaux, et des bâtiments pour les divers usages communs à la société naissante.

L'homme arrivé à cet état n'est pas encore satisfait, parce qu'il est sans cesse dominé par les nécessités de la vie et qu'il n'est pas dans sa nature de s'arrêter dans ses désirs. Ses idées, d'abord indécises, s'éclaircissent et se précisent; son intelligence se développe par les travaux qu'il exécute et qui absorbent toutes ses facultés et tout son temps; il ne jouit enfin que par la possession de ce qu'il a édifié et par la satisfaction si naturelle qu'éprouve son amour-propre en admirant ses propres œuvres. Telle est la nature de l'homme dans son principe, et, sous ce rapport, la civilisation ne l'a pas sensiblement modifiée après un grand nombre de siècles.

La civilisation arrive peu à peu, lentement et graduellement; de nouveaux besoins encore plus impérieux que les premiers surviennent, et il faut absolument les satisfaire: chacun comprend, dans la colonie naissante, qu'il doit une partie de son travail pour l'exécution des ouvrages nécessaires aux besoins de tous, et cette idée d'association, si utile et si féconde, qui seule dès le principe de l'établissement des sociétés a fait naître l'esprit public et fondé les cités, les colonies et les empires, peut seule encore aujourd'hui les étendre, les améliorer et les conserver.

La civilisation avance toujours, les idées s'agrandissent par l'expérience acquise, et les besoins sociaux s'étendent et se multiplient indéfiniment. Les arts mécaniques, jusque-là restés isolés, s'unissent en se prêtant un mutuel concours, et l'architecture, le premier et le plus ancien de tous, celui autour duquel les autres se groupent, vient les corroborer pour les soumettre à la loi générale de l'harmonie et former ainsi, tout à la fois, une science et un art destiné à satisfaire tous les besoins matériels et moraux de la société.

Cet art est, en effet, le plus utile de tous: la société lui doit sa naissance, sa conservation et ses progrès; sans lui tous les autres n'auraient pu se développer ni avancer, car c'est uniquement à la loi générale de l'harmonie, qui les embrasse et les engendre tous, qu'ils doivent les étonnants progrès qu'ils ne cessent de faire et qui ont une si puissante influence sur la civilisation. Cet art est éminemment social : il peint, avec les caractères les plus durables, les usages, les mœurs et le génie des peuples. On juge de la grandeur de ceux qui n'existent plus par les monuments qu'ils nous ont laissés, et, en les interrogeant, on y découvre toujours des faits utiles pour bien connaître le passé. Les ruines de l'antiquité nous étonnent par leur grandeur, leur solidité et leur magnificence, et ces admirables modèles que Dieu a conservés debout, au milieu de tant de dévastations, pour nous instruire et nous faire méditer sur les fautes et les erreurs des peuples, sont en même temps les preuves les plus authentiques de l'histoire.

Il importe beaucoup d'étudier et de bien comprendre les choses des temps passés pour améliorer l'état présent des sociétés, et les erreurs que l'on y découvre sont quelquefois aussi utiles que les vérités pour éviter les fautes qui nous entraînent dans un dédale de difficultés et de malheurs. Pour peu que l'on étudie ce grave sujet, on ne tarde pas à s'apercevoir que l'ignorance des vrais principes de l'art des constructions a eu la plus funeste influence sur la destinée et la civilisation des peuples modernes de l'Europe. Arrêtons-nous un peu pour réfléchir aux immenses travaux de toute nature qu'il a fallu exécuter, et comparons le résultat qui a été obtenu par le travail de plusieurs générations successives avec celui que l'on pourrait obtenir maintenant, dans l'état actuel de nos connaissances, s'il était possible de tout reconstruire !... Les grandes fautes commises qui ont produit tant de calamités publiques étaient sans doute inévitables : peut-être même étaient-elles nécessaires pour éclairer notre avenir et nous empêcher de tomber dans les mêmes erreurs. Et s'il est impossible de guérir radicalement le mal que nous a légué le passé, on peut au moins, en le connaissant bien, y porter remède jusqu'à un certain point à l'avenir et produire, avec le temps, de grandes améliorations au bien général de la société.

Si nous portons d'abord nos études sur les grands travaux des communications, nous trouverons des améliorations considérables à faire sur les routes, les canaux, les rivières et les ponts. Combien de fausses directions n'y aurait-il pas à rectifier et de pentes à adoucir? Combien de voies nouvelles indispensables à ouvrir et de ponts à construire? Que ne devons-nous pas attendre de l'avenir des chemins de fer avec les chevaux de vapeur qui les parcourent avec une si étonnante rapidité? On ne peut plus en douter, la civilisation est lancée à grande vitesse sur des rails de fer, et rien ne peut désormais arrêter sa course progressive. Le principe du chemin de fer, qui réduit le frottement des roues *a minima*, est le complément du principe de la voiture qu'il transforme de fait en roues de machines mues par la vapeur; toute la différence consiste en ce que les machines de l'industrie sont fixes et que celles des chemins de fer sont mobiles, et cette invention, encore toute nouvelle, doit nécessairement et forcément faire de grands progrès dans l'avenir.

Le temps viendra où les petites localités seront reliées entr'elles par ces chemins que l'expérience apprendra à construire économiquement : pour y parvenir plus tôt, il suffirait de remplacer le fer par des rails en bois de premier choix, de 5 à 10 centimètres d'épaisseur, préparés par le procédé Boucherie et revêtus, pour plus de garantie encore, d'un enduit préservateur. Le rail en bois serait simplement recouvert d'une feuille de tôle de fer courbe, étirée au laminoir, appliquée contre le bois à coups de maillet et serrée en-dessous par des liens de fer écroui.

Comme nous sommes éloignés d'un tel état de choses!... Nous n'avons même pas encore de chemins vicinaux pour transporter les produits de l'agriculture dont les prix sont, par ce fait, alternativement trop avilis ou trop excessifs, ce qui paralyse tous les progrès. Cependant, depuis seulement un siècle, des travaux immenses ont été exécutés dans toute l'Europe; des sommes énormes ont été dépensées sur de petites étendues de pays, tandis qu'il eût été bien plus profitable de les répandre sur de plus grandes surfaces, en apportant plus d'économie dans la largeur et dans le tracé de la plupart de nos grandes routes. Comparons l'état actuel de nos communications de toute sorte et leur répartition sur l'étendue de la France entière, et nous apprécierons combien il nous reste encore à faire pour extraire avec profit, de notre sol, toutes les richesses qu'il renferme.

Si de nos chemins nous passons à nos rivières, ces chemins qui marchent, comme disait Pascal, nous les trouvons encore dans un plus triste état. Or, si nos rivières ne roulent pas de l'or, elles sont destinées par la nature à faire rouler des productions bien plus utiles et à les répandre du centre à la circonférence ; elles coulent dans des bassins triangulaires, longs, étroits et contournés qui s'élargissent à mesure que l'on descend : les sommets aigus des bassins sont attachés aux montagnes et leurs petits côtés sont appuyés contre la mer ; c'est à peu près au tiers de la longueur de ces riches bassins, près de la mer, que les plus riches alluvions ont été déposées par les eaux et que se sont établies les grandes villes, centres de consommation agricole et de productions industrielles de toute nature. Il faudrait étendre les rayons des communications en partant de ces centres, afin que, par la suite, les cercles de production et de consommation puissent se pénétrer et se confondre.

Sans être prophète, nous pouvons cependant affirmer que nos principales villes, toutes situées sur les bords des grandes rivières, seront dans l'avenir reliées entr'elles par des canaux maritimes à grande section, tracés parallèlement au cours des grandes rivières et au littoral des deux mers, de manière à étendre considérablement nos côtes et nos ports de mer intérieurs, et, par suite, notre puissance maritime et commerciale (Voyez le Coup-d'œil sur le réseau de ces canaux et *Paris, port de mer*, que nous avons publié en 1862 et 1863).

Pour une navigation plus restreinte, on peut encore améliorer la plupart des rivières avec une dépense beaucoup moindre qu'on ne le suppose : on pourrait diminuer la pente ou rétrécir le lit et, selon les localités, quitter le cours naturel toutes les fois qu'il serait embarrassé par des obstacles et que la pente dépasserait 50 centimètres par kilomètre de longueur, pour le reprendre lorsqu'il serait assez régulier. Ce moyen, aussi simple qu'économique dans beaucoup de localités, diminuerait les distances et les terrassements et réduirait les écluses au plus petit nombre possible. Chaque fois que l'on abandonnerait le cours naturel d'une rivière, il suffirait le plus souvent d'une seule écluse pour franchir la chute, dont on devrait toujours profiter comme force motrice.

Nos rivières et nos cours d'eau sont des forces naturelles considérables perdues, dont nous pourrions tirer des avantages immenses en régularisant leur régime, d'abord pour atténuer les dévastations des vallées par les débordements, et ensuite en faisant un meilleur emploi et une meilleure distribution des eaux au moyen de canaux secondaires pour l'irrigation des terres. On donnerait ainsi la vie avec la fertilité à tant de terrains improductifs, secs et arides, qui pourraient se couvrir de verdure et de bestiaux. Ces canaux d'irrigation deviennent tous les jours plus nécessaires, pour vivifier notre pauvre agriculture, qui réclame de grands encouragements et surtout de grands débouchés pour arriver aux perfectionnements déjà obtenus par nos voisins; car notre infériorité à cet égard, du moins au point de vue général, est un fait trop bien établi pour oser le nier; et cette infériorité ne vient absolument que de l'abandon dans lequel nous avons laissé, depuis plusieurs siècles, l'art qui assure la subsistance des populations. On ne parle de nos jours que de commerce et d'industrie, d'actions et d'opérations de bourse et de banque, comme si c'étaient véritablement là les sources uniques de la richesse nationale, et l'on oublie beaucoup trop que « labourage et pâturages sont les véritables mamelles de l'État, et que tout fleurit dans un pays où fl urit l'agriculture. » Si, à l'époque où ces simples et magnifiques paroles ont été prononcées, on avait connu, comme aujourd'hui, les moyens d'améliorer le sol arable et les races des animaux et des végétaux utiles, que de progrès n'eussent pas été réalisés par Henri IV et Sully !.. Alors les temps étaient bien difficiles : les guerres civiles avaient tout épuisé; le pain était très-cher; aussi tous les regards étaient-ils tournés vers l'amélioration de l'agriculture, qu'on appelait, dans ce temps, la mère nourricière du peuple.

Pourquoi faut-il que de si grandes vues aient été si vite oubliées ? A la mort du bon roi, tout rentra dans l'ombre, et l'obscurité devint profonde ; l'intrigue italienne prit encore une seconde fois la place de la loyauté française, et puis d'autres idées s'emparèrent des esprits pour les éblouir : on négligea la terre, on l'abandonna sans secours et sans direction aux pauvres travailleurs qui l'épuisèrent, et les habiles de ce temps ne surent pas voir que la force et la prospérité des empires tient à la bonne culture du sol, qui seule a la puissance de multiplier la population, tout en assurant sa subsistance. Si, au contraire, la première de toutes les industries, puisqu'elle alimente toutes les autres, devient la seconde, alors tout est bouleversé, et le vaisseau de l'État vogue au hasard à travers les écueils et les tempêtes. Consultez les enseignements de l'histoire, et, à toutes les époques, vous verrez le même fait se reproduire. La vertu, la force, la santé, la richesse et tous les travaux d'utilité publique qu'elle crée, sortent de la terre cultivée ; la démoralisation, la faiblesse, la misère et la décadence des nations arrivent toujours avec l'épuisement de la fertilité du sol arable.

On ne saurait jamais trop répéter ces importantes vérités qui assurent le bien social, ni trop se pénétrer de l'idée que des communications nombreuses, promptes, sûres et faciles multiplient toutes les productions et toutes les richesses. Il y a de l'avenir dans des ressources aussi immenses, et des travaux pour tous et utiles à tous si nous savons les bien diriger. A l'œuvre donc la génération nouvelle, et, si elle sait bien comprendre les bienfaits de l'ordre et de la paix, la France deviendra la plus heureuse des grandes nations.

Après les grands travaux des communications, si nous étudions la disposition si mal entendue des villes et même des bourgs, où les maisons sont entassées comme par le hasard et serrées les unes contre les autres, nous remarquerons d'abord qu'elles se privent mutuellement d'air et de lumière et qu'elles forment des foyers pestilentiels où toutes les espèces de misère se débattent ; et pourtant ces villes, centres de consommation où tout aboutit et qui réfléchissent la civilisation autour d'elles, sont remplies d'édifices construits trop souvent avec un luxe déplacé ; car rien ne paraît avoir été épargné pour les élever : ce sont des colonnes jetées pêle-mêle dans tous les coins où elles sont inutiles et où elles ne produisent aucun effet. Nous avons cru pendant long-temps décorer nos monuments par cette profusion dispendieuse de colonnes et de pilastres, et cette erreur nous a coûté des travaux et des sommes incalculables qui eussent été plus utilement employés à construire les édifices de première nécessité qui nous manquent. Combien y a-t-il de villes, en effet, qui aient des églises et des hôpitaux convenables, des fontaines, des lavoirs, des bains, des marchés, des abattoirs, des magasins, etc., qui leur seraient pourtant si utiles ?

Il y a dans Paris un million de colonnes et de pilastres, engagés dans les murs, accouplés, accolés d'une infinité de manières, qu'on aurait réellement pu supprimer si l'on avait connu les vrais principes de l'architecture ; mais la mode, ce tyran impérieux, exige depuis trois siècles que l'on cherche à imiter, sans y réussir, les monuments des Gercs et des Romains. Si tant d'édifices modernes où tant de richesses sont enfouies étaient à refaire, on pourrait avec le superflu de ce qu'ils ont coûté rebâtir Paris en entier, non tel qu'il existe avec ses rues sales et obscures, semblables à une multitude de fossés de pierres étroits et profonds, remplis d'immondices coulant lentement dans la Seine ; mais Paris tel qu'il devrait être s'il était possible de le reconstruire, aéré, assaini, ventilé, rafraîchi, arrosé, éclairé et même chauffé, avec des rues alternativement larges et étroites, couvertes et découvertes, les plus larges plantées d'arbres dont les racines seraient mises à l'abri des infiltrations mortifères du sol, arrosées par des courants d'eau vive, et les seules où il soit permis aux chevaux et aux voitures de luxe de circuler. Les passages, couverts par des vitraux, seraient placés à la hauteur d'un premier étage et traverseraient les grandes rues découvertes sur des viaducs ; enfin, des rues souterraines voûtées en maçonnerie seraient établies au-dessous de celles découvertes, pour le chemin de fer reliant les halles, les marchés, les grands magasins ou entrepôts de la ville.

En suivant cette idée, on trouve qu'il serait nécessaire de pratiquer, sous les lignes des maisons, d'étroits passages communiquant avec les rues souterraines; on descendrait de chaque maison dans le sous-sol ou la cave par une rampe, un escalier ou un puits, et le service des transports des matières sales, lourdes ou encombrantes, telles que le bois, le charbon, les divers liquides de consommation, se ferait par ces voies souterraines, ainsi que celui des déjections pures (matières fécales et urines seulement) qui seraient recueillies dans des vases mobiles, préalablement désinfectées avec du phosphate de chaux fossile et du phosphate de magnésie ou tout autre agent chimique fertilisant, que l'on trouvera certainement le moyen de produire à très-bon marché pour fixer l'ammoniaque des matières, en l'empêchant de se répandre dans l'air, et composer un très-riche engrais, plus riche même que l'or du Pérou.

Par l'emploi de ces moyens, ou d'autres analogues pour arriver au même résultat, la corruption putride des couches du sol ne serait plus une cause permanente d'infection et de maladies souvent inexplicables; on en cherche la cause assez loin, tandis qu'elle est souvent dans la maison même ou dans l'hospice voisin où, malgré toutes les précautions que l'on prend, il règne un air cadavéreux et mortifère, et c'est ainsi que les morts peuvent tuer les vivants. Le grand problème de la salubrité des villes doit finir par être résolu, au grand avantage de l'agriculture et par l'emploi immédiat des déjections humaines comme engrais. La population des villes doit servir dans l'avenir à fumer et à fertiliser les campagnes et, par ce seul fait, la production agricole sera augmentée par centaines de millions. La solution de ce grand problème n'est pas ce qui est le plus difficile : la difficulté réelle consiste à faire adopter par les villes l'ensemble des procédés et des travaux nécessaires à l'exécution d'un si important projet. Voilà la grande difficulté qui n'a pu encore être surmontée et qui, malheureusement, ne le sera pas d'ici long-temps. C'est pourtant la plus grande de toutes les hérésies économiques que celle de la perte de l'engrais humain; et, comme l'a dit un poète de génie, on arrive par cette perte à ce double résultat : « la terrre appauvrie et l'eau empestée ; la faim sortant du sillon et la maladie sortant du fleuve. » Quand parviendrons-nous donc à supprimer ces cloaques immondes qui infectent nos villes et nos rivières, et qui versent en pure perte à la mer la richesse et même la vie des populations ?...

Si l'on a bien saisi la disposition étagée des diverses voies qu'il conviendrait d'adopter pour la fondation d'une ville neuve, on comprendra facilement que l'on pourrait toujours y circuler à l'ombre et à l'abri de la pluie, en évitant l'embarras des voitures et la malpropreté. Les rues et les maisons pourraient être lavées et rafraîchies, au besoin, tous les jours, au moyen de fontaines et de robinets jaillissants, et les eaux ménagères, qui ne seraient jamais mêlées avec les déjections humaines, s'écouleraient avec la plus grande facilité dans de petits aqueducs en maçonnerie placés sur le côté des rues souterraines, lesquelles serviraient également à placer, sur le côté opposé, les divers tuyaux de conduite pour les eaux et les gaz, soit pour l'éclairage, la purification, le rafraîchissement et même pour l'échauffement de l'air de certains lieux publics ou de grands établissements. Ces tuyaux, ainsi abrités et pouvant être visités à chaque instant, assureraient la régularité constante de leur service et seraient d'un entretien peu coûteux et très-facile.

Paris, traversé par la Seine bordée de grandes plantations et pouvant, en outre, être coupé transversalement par deux canaux, quadrillé de rues parallèles, perpendiculaires et diagonales, les unes supérieures pour les promeneurs, les autres inférieures pour les voitures et les chevaux de luxe, et enfin les dernières souterraines pour les divers usages que nous avons indiqués, serait un immense palais féerique, sans pareil même dans les contes des *Mille et une Nuits* ; car les Arabes, malgré leur imagination fleurie, n'ont pu deviner les merveilles que les progrès des sciences finiront par rendre possibles. Il faut seulement savoir attendre et ne pas vouloir marcher trop vite à la conquête de ce progrès, afin d'être plus assuré de l'atteindre. Paris, tel que nous venons de le décrire, serait une ville de délices, un palais d'une grandeur indéfinie, qui réunirait toutes les conditions de salubrité, de commodité et d'agréments de toutes sortes; l'on pourrait y circuler partout et à toute heure sans le moindre embarras, sans accidents possibles, et il offrirait le spectacle le plus merveilleux, le plus varié et le plus majestueux, dans ses détails comme dans son ensemble véritablement admirable et magnifique.

Quelle différence du Paris fantastique, que nous venons d'esquisser en quelques coups de crayon, avec le Paris actuel !...

Il faut avoir des connaissances fort au-dessus du vulgaire pour se faire une idée exacte de tant de merveilles et pour ne pas croire qu'elles sont tout-à-fait chimériques. Cependant, il n'est pas artistiquement impossible que ces merveilles ne puissent se réaliser dans un avenir éloigné, il suffit pour cela d'y croire et de le vouloir fortement; néanmoins, il ne faut pas se bercer de brillantes illusions. On ne parviendra que très-difficilement, sans doute, à rebâtir la plupart de nos grandes villes; mais, avec la connaissance exacte de ce qu'elles sont et de ce qu'elles devraient être, on les améliorera beaucoup, et Paris en offre déjà un assez bel exemple.

On voit beaucoup de villes qui sont naturellement divisées en deux parties très-distinctes, la vieille et la nouvelle, et toutes tendent à s'améliorer et à s'agrandir. Pourquoi ne pas arrêter pour chacune un travail bien étudié, dans lequel on n'aurait aucun égard à ces petites considérations locales d'intérêt privé, le plus souvent mal entendu, et dresser un plan d'ensemble qui pourrait s'exécuter dans un temps beaucoup moins long qu'on ne le suppose; car nos maisons modernes de plâtre et de moëllons n'ont pas une longue durée, et l'on en voit un fort petit nombre qui soient anciennes et dignes d'être conservées comme œuvres d'art. Quant au plus grand nombre, une bonne loi devrait faire justice de ces masures qui menacent la voie publique et qui arrêtent trop souvent l'exécution de travaux utiles. Ces idées ne sont pas nouvelles, elles sont au contraire tout-à-fait dans nos mœurs actuelles, et l'on peut remarquer des progrès très-sensibles depuis que les hommes influents sentent toute l'importance de l'économie générale et des travaux qui intéressent à un si haut degré la commodité et la salubrité publiques. Il n'est donc pas impossible d'améliorer peu à peu la disposition si défectueuse de toutes nos villes et même de parvenir à les reconstruire, avec l'aide du temps : il ne faut pour cela que de bonnes lois et une administration aussi paternelle que vigilante pour en assurer l'exécution.

Mais prenons garde qu'un zèle inconsidéré, excité par la manie de la truelle, ne fasse tomber de vieilles maisons très-solides, d'une véritable valeur historique et artistique, pour élever à leur place des constructions de mauvais goût, sans solidité et sans aucun caractère, autre que celui de la régularité parfaite du plan et de la ligne droite. Cette manie, malheureusement très-commune parmi les édiles des villes, a détruit un grand nombre de monuments que rien ne pourra remplacer ; s'il faut sérieusement réfléchir avant d'abattre l'arbre séculaire planté par nos pères, il faut réfléchir encore davantage avant de démolir leurs monuments, témoins de faits historiques, et faire les plus grands efforts pour les conserver en les combinant avec les nouvelles constructions de manière à former un plan qui satisfasse à toutes les conditions d'intérêt public. Cela est toujours possible et même serait très-facile, si l'on se décidait à sortir de l'ornière que l'art architectonique trace depuis trois siècles dans toute l'Europe, c'est-à-dire en restituant notre vieil art national, tout en l'appropriant à nos besoins actuels, à l'aide du progrès des sciences et des arts mécaniques de notre époque. Tel est le but principal de cet ouvrage : chacun pourra apprécier jusqu'à quel point nous en avons approché, car nous n'avons pas la prétention de l'avoir atteint.

Il faut aujourd'hui, plus que jamais, que les hommes supérieurs soient bien convaincus que leur devoir est d'améliorer les conditions de la société, s'ils veulent se sauver de l'anarchie qui nous menace dans l'avenir et voir régner à sa place l'ordre, la justice et la vraie liberté. Nous le répétons, l'esprit d'association, qui dans le principe de l'établissement des sociétés a été indispensable pour les fonder, ne l'est pas moins maintenant pour les conserver ; les travaux publics, si nécessaires pour satisfaire les besoins matériels, doivent être compris du plus grand nombre possible, au lieu d'être le privilége exclusif de quelques hommes spéciaux, en général trop peu influents pour faire beaucoup de bien. On voit trop souvent que leurs idées sont modifiées, à tort et à travers, par des influences occultes et invincibles, parce qu'elles tiennent à d'anciennes habitudes administratives fort difficiles à déraciner. Pour arriver graduellement à un bon résultat, il faut absolument que l'instruction pratique sur ces matières se répande davantage si nous voulons tirer un meilleur parti de nos ressources et faire un emploi plus avantageux de nos richesses. La puissance industrielle de l'Angleterre, où les intérêts matériels sont mieux compris que chez les autres peuples, est un exemple frappant de cette vérité ; songeons à ce que serait la France actuelle avec l'esprit d'association, les travaux industriels et surtout avec l'agriculture de l'Angleterre, et certes, il est très-possible que nous puissions bientôt l'atteindre et même la surpasser avec le temps, en n'imitant d'abord que ce qu'elle a de bon et en rejetant tout ce qu'elle a de mauvais ou d'incompatible avec nos mœurs. Ce grand peuple, réellement plus avancé que nous en industrie, était destiné à nous éclairer sur nos propres intérêts et à faire les frais des essais dont il faut espérer que nous saurons profiter, à mesure que notre éducation publique se perfectionnera. Les préventions et les jalousies nationales diminueront peu à peu, les deux grands peuples de l'Occident finiront par comprendre qu'ils doivent s'associer et se soutenir mutuellement pour assurer la paix et la prospérité du monde.

Le coup-d'œil rapide que nous venons de jeter sur l'art, appliqué à tous les travaux d'utilité générale, démontre évidemment qu'il se lie étroitement à toutes les questions qui intéressent au plus haut degré l'intérêt social, et que tous les hommes éclairés doivent désormais avoir une connaissance suffisante de tous les travaux d'utilité publique. Nous ne sommes plus dans le temps où il suffisait de savoir passablement sa langue et un peu de latin pour avoir fait ses études ou ses classes, comme on le disait autrefois; maintenant les choses ont bien changé: on étudie réellement toute sa vie, nos intérêts et nos besoins nous y obligent; il faut connaître la langue des sciences et des arts pour lire les ouvrages nombreux qui se publient sur ces matières, et la langue graphique, ou la description rigoureuse de la forme des corps, est surtout indispensable à quiconque veut se rendre compte de tous les progrès qui caractérisent notre civilisation. Il est devenu nécessaire d'écrire de manière à se faire bien comprendre par tous les hommes qui ont intérêt à acquérir des connaissances exactes pour bien apprécier les besoins de la société moderne, afin que le plus grand nombre, au moins parmi les érudits, puisse lire avec fruit les choses d'art et les dessins qui les représentent d'une manière si simple, si claire et si exacte.

Nous nous décidons à publier ce livre d'après le conseil de nos amis, dans l'espoir de vulgariser les grands principes de l'art dont tout le monde veut parler, et qui cependant n'ont jamais été développés avec assez de netteté et de précision pour être généralement bien compris. Nous avons déjà averti que ce livre est extrait d'un ouvrage beaucoup plus considérable que diverses circonstances nous ont empêché de terminer; les chapitres, écrits à diverses époques depuis 1831, peuvent donc ne pas être parfaitement harmonisés entre eux ; mais l'idée principale, l'esprit de l'art, se fait sentir dans toutes les parties.

Nous ne pouvons terminer cette introduction, écrite en 1834, sans exprimer une pensée pénible, parce qu'elle arrête, selon nous, la marche régulière du véritable progrès, de ce progrès lent et graduel qui seul ne peut pas être enrayé par des révolutions qui, en définitive, n'aboutissent qu'à la ruine ou à l'épuisement du corps social, de ce progrès régulier, constant, continu que la force des choses rend indispensable à la prospérité future des peuples.

Le malheur de notre époque est de perdre son temps en de vaines paroles: on parle de tout et sur tout, le plus souvent sans rien savoir ; on abuse de cette instruction vague et trop générale sur des matières que l'on n'a pas suffisamment étudiées; on dirait vraiment qu'il suffit de savoir parler avec élégance et facilité pour bien raisonner sur toutes choses, et l'on oublie l'essentiel : la connaissance exacte des matières que l'on traite. On explique tout avec des principes généraux plus ou moins contestables, sans avoir pris la peine de remonter aux éléments qui les ont fait établir et qui seuls les expliquent. On veut savoir sans vouloir se donner la peine d'apprendre. Cette manière de raisonner, si commune de notre temps, est venue de certains avocats qui font un usage abusif de la méthode employée par eux au Palais, dont ils connaissent parfaitement les détours, et qu'ils appliquent à toutes les questions spéciales d'intérêt public qu'ils n'ont pas assez approfondies. Le droit, qu'ils voient partout, leur fait croire qu'ils ne peuvent rien voir de travers, et c'est ainsi qu'au lieu de simplifier et d'éclairer, ils compliquent et embrouillent toutes les questions ; ils commencent leurs discours en remontant à la naissance du monde, mais ils s'arrêtent souvent à la tour de Babel, cette vieille image qui sera toujours jeune et toujours vraie.

Chacun devrait traiter les questions qu'il a spécialement étudiées. Laissons les procès aux avocats, la médecine aux médecins, la science et l'art aux savants et aux artistes qui analysent le fond des choses pour les résumer en formules générales. On ne peut plus lire tout ce qui s'imprime, la vie d'un homme studieux n'y suffirait pas ; l'on écrit mille fois plus qu'il ne serait réellement nécessaire sur toutes les branches des connaissances humaines, et ce qui se publie chaque jour dans le monde est innombrable. Cependant, au milieu de ce dédale d'idées de toutes sortes, combien y en a-t-il qui soient utiles et applicables au progrès de la science et de l'art ? Si tant d'écrits superflus et médiocres vivent et meurent en un jour, ils ont le grave inconvénient de compliquer toutes les questions, même les plus simples, et d'obscurcir un grand nombre d'intelligences, au lieu de les éclairer. En sera-t-il de même de ce livre ? Car il est difficile d'échapper à la loi commune et aux erreurs de son siècle, c'est ce qu'on ne remarque pas assez et l'on peut fort bien se tromper en voyant les choses autrement que les autres. Avant d'affirmer une théorie nouvelle, il faut y avoir long-temps et sérieusement réfléchi ; c'est ce que nous avons fait, et nous croyons fermement que ce livre, sauf quelques remplissages peut-être inutiles, contient en germe tous les principes de l'art.

Notre siècle crie partout que de la liberté et du choc des opinions jaillit la lumière, et que le progrès social ne peut se réaliser qu'à cette condition ; il n'en résulte pas moins que tout ce bruit confus d'opinions contradictoires, se détruisant les unes par les autres, se perd dans l'air en s'y dissipant comme la fumée, ou bien la masse des écrits va se perdre dans les catacombes administratives avec la plupart des brevets d'invention. Il reste, en effet, bien peu de chose de bon et de vrai de ce déluge d'idées, d'écrits et de paroles, et ce peu de bien passe encore souvent inaperçu au milieu de tant de bruit.

Sous ce point de vue, notre civilisation n'est pas généralement bien comprise : on veut marcher trop vite, l'on rencontre des obstacles imprévus et l'on arrive moins promptement au but proposé. Dans un intérêt social mieux entendu, il faudrait écrire et parler beaucoup moins, et travailler beaucoup plus à des ouvrages productifs qu'il faudrait créer pour tous, parce qu'ils sont utiles à tous et, en première ligne, les travaux qui assurent la subsistance du peuple et les matières premières pour alimenter l'industrie. Voilà la véritable civilisation ; c'est celle qui nourrit et moralise le plus d'hommes, et lorsqu'elle s'écarte de sa voie naturelle, la richesse publique commence à décroître, la misère arrive peu à peu ; puis survient le désordre social et enfin la décadence en toutes choses. Nous avons passé par toutes ces épreuves : ayons enfin la sagesse et la force nécessaires pour n'y plus retomber. Soyons unis, malgré la diversité de nos opinions, pour faire le bien.

Il est devenu bien difficile de se faire comprendre ; nous n'avons pas la prétention d'y parvenir, parce que nous n'osons espérer de pouvoir être entendu. N'importe, nous aurons rempli un devoir, et si, comme nous en sommes convaincu, nos principes sont vrais, ils seront féconds dans l'avenir : notre œuvre sera exhumée des catacombes par quelque artiste de cœur qui fera ce que nous n'avons pu faire ; nous ne serons plus là pour lui expliquer toute notre pensée, que nous avons dû condenser et réduire à une esquisse pâle et décolorée, afin que l'on trouve le temps de l'examiner, et encore n'avons-nous pas l'espérance qu'elle soit sérieusement méditée. Ainsi, quarante années d'étude et de travaux pratiques auront été employées en pure perte : ainsi vont les choses de ce monde, on ne peut faire tout le bien que l'on désire, et la récompense n'arrive pas toujours à celui qui la mérite le plus. Plein de confiance dans le progrès providentiel de l'avenir, nous ne saurions nous en plaindre; nous acceptons les choses et les hommes comme ils sont, nous aurions pu être moins heureux dans nos travaux et plus mal partagé dans les biens de ce monde; nous ne nous plaignons de personne; notre conscience est tranquille et satisfaite d'avoir rempli la tâche qui nous a été donnée aussi bien que nous l'avons pu, au milieu des champs et des bois où nous vivons isolé depuis quarante ans, sans aucunes relations avec les artistes qui eussent rempli de bonheur et de joie notre vie laborieuse. La force des choses et des événements nous a fait quitter le compas pour prendre la charrue, mais l'instinct et l'amour de l'art ne nous ont jamais abandonné : nous devons bientôt remettre la charrue à notre enfant; il aime la terre et les cultivateurs comme son père, il sera le soutien de sa famille : chacun a son tour dans ce monde. Heureux si nous pouvons reposer notre vieillesse en cultivant désormais l'intelligence et l'amitié.

Dans ce triste voyage qu'on appelle la vie, il faut du courage et de la résignation et ne perdre jamais l'espérance qui console et soutient à travers tant d'épreuves : sans l'amour du bien, sans l'énergie, sans la foi dans les grandes choses, on n'arrive à rien qu'à un positivisme desséchant qui tue l'art et tous les sentiments nobles et généreux. La jeunesse, que nous aimerons toujours malgré ses écarts quelquefois étranges, ne peut encore se faire une juste idée des épreuves et des déceptions qui l'attendent : le temps, notre maître à tous, le lui apprendra; qu'elle y prenne garde, elle peut tout sauver ou tout perdre : l'avenir lui appartient, sa tâche commence tandis que la nôtre est bientôt finie. Ah ! si jeunesse savait et si vieillesse pouvait, tout serait bien mieux réglé dans ce monde ; mais n'oublions jamais qu'il en existe un meilleur au-dessus de nous, et, malgré notre impuissance pour le définir exactement, il n'en existe pas moins par lui-même, et ceux qui ne comprennent pas cette pensée féconde, abandonnent la voie de la vérité éternelle pour se lancer au hasard dans l'idéal de l'inconnu, sans savoir ni d'où ils viennent, ni où ils vont. Est-ce donc là la sagesse des siècles, et le nôtre surpasse-t-il en lumières tous ceux qui l'ont précédé et qui ont constitué tout ce qui existe? Voilà une question qui devrait nous faire sérieusement réfléchir : si nous effaçons le passé, l'avenir nous effacera à son tour lorsque nous serons devenus le passé ; et, à ce compte, l'histoire ne servirait absolument à rien. Nous ne pouvons admettre de telles erreurs, et cependant, nous aussi, nous sommes un libre penseur, non pour renverser l'ordre social, mais pour le maintenir dans la voie de ses destinées providentielles sans lesquelles le progrès ne pourra s'accomplir et, avec lui, l'aisance générale, la paix et la prospérité des peuples, but unique et final de toute civilisation bien comprise.

PREMIÈRE PARTIE.

ESTHÉTIQUE.

CHAPITRE Ier.

DE L'HARMONIE, DES PROPORTIONS, DU GOUT ET DU BEAU IDÉAL.

On entend par esthétique de l'art le sentiment qui fait deviner le vrai et le beau dans tous les genres, et plus exactement l'intelligence qui exprime la beauté de la forme dans les arts d'imitation.

La forme des corps nous paraît plus ou moins agréable non-seulement dans chaque individu que nous considérons séparément, mais encore pour tous les groupes d'objets qui se modifient selon les temps, les lieux et les diverses circonstances où ils se trouvent placés. Toutes les formes des objets sensibles d'un pays ont des dissemblances frappantes avec celles des mêmes objets d'un autre pays ; l'aspect de la végétation, sa couleur, son arôme, sa vigueur, particulièrement celle des arbres qui ornent si admirablement le sol en l'abritant, et, pour un observateur doué d'un sens délicat, l'air même a une couleur distincte et un parfum particulier qui varient selon les lieux, les saisons et les jours.

Tous les objets sensibles d'un même pays se marient merveilleusement avec la nature qui les a produits. Les grandes masses naturelles, les montagnes, les eaux, les forêts frappent d'abord notre esprit et nos sens ; puis viennent les petits détails, les corps artificiels produits par la main et l'intelligence de l'homme, les cultures, les constructions de toute sorte, les monuments, les meubles et jusqu'aux plus petits ustensiles : tous ces objets si variés sont en rapport d'harmonie entr'eux. Considérons d'abord les êtres vivants, les espèces innombrables d'animaux variant indéfiniment de forme et d'organisation pour former cependant des familles distinctes qui suivent invariablement leurs instincts, chacune selon leur espèce. Observons ensuite l'homme, cet être tout à la fois géant et pygmée de la création, si simple et si complexe dans sa nature, sujet éternel d'étonnement par son génie et son ignorance, ses vertus et ses vices !... La femme, cette fleur animée, délicate et suave, si faible en apparence et pourtant si forte en réalité ; vase d'élection où réside, avec la douceur et la grâce, la finesse et la ruse. Oh ! la femme est bien le génie de la tentation qui enchante, séduit, perd ou sauve l'homme ; une seule passion la domine, et avec cette passion exclusive elle fait mouvoir tous les ressorts de l'humanité ! Tous ces contrastes, en apparence discordants, sont liés et harmonisés par les mains invisibles du Créateur ; tout paraît se rapprocher de l'unité divine qui éclaire les intelligences supérieures : *une foi, une loi, un seul Dieu.*

Pourquoi faut-il que les hommes ne puissent s'accorder sur des vérités aussi essentielles au bien-être social ? La passion ne réfléchit pas et l'orgueil de notre nature nous aveugle. Voilà la source de toutes nos erreurs.

Mais laissons de côté ces considérations métaphysiques, malgré leur haute importance pour expliquer l'esprit de l'art ; rentrons plus explicitement dans notre sujet, essayons de soulever le voile mystérieux qui le cache à nos regards, commençons d'abord par nous rendre compte des effets de l'harmonie et des proportions.

Tous les objets physiques de la nature s'harmonisent entr'eux ;

l'unité dans la variété se présente partout et toujours ; le cheval, par exemple, avec sa forme svelte et ses mouvements agiles et gracieux, est en accord avec le verdoyant et riant paysage de l'Europe, tandis que l'éléphant s'accorde mieux avec la nature triste et sévère de l'Inde, sa végétation gigantesque et ses monuments d'une lourdeur colossale ; leurs proportions massives sont prises sur celles de l'énorme animal indien, et l'on dirait qu'ils sont tous deux les représentants des temps primitifs où la terre, pleine de force, ne produisait que des géants. C'est ce sentiment intime et secret qu'un véritable artiste comprend ; l'*instinct de l'art* lui révèle l'*esprit de la forme ;* il voit bien que les corps sont matériels par eux-mêmes, mais il comprend aussi que la raison de leur forme est toute spirituelle et qu'elle constitue l'art proprement dit, rendu sensible par l'expression du langage et du dessin.

L'harmonie d'un bel ensemble se devine mieux qu'elle ne s'explique, et notre intelligence ne peut la concevoir qu'en observant ce qui se passe en elle-même, lorsqu'elle cherche à pénétrer des vérités qui lui sont inconnues. En regardant un vaste ensemble, nous ne voyons d'abord rien distinctement, parce que la vue est éblouie par la multiplicité des objets, et l'imagination, cette *furia vagabonde*, nous entraîne malgré nous et croit tout voir, tout deviner dans un instant ; elle nous jette dans l'extase, et nous éprouvons un plaisir infini. Mais l'imagination se lasse vite, l'esprit réagit sur lui-même et cherche la cause de ce qu'il éprouve ; il sépare chaque objet pour le mieux voir, il compare entr'eux les uns avec les autres pour juger leurs rapports et, par cet artifice tout intellectuel, le raisonnement rectifie souvent les erreurs ou les écarts des sensations, et nous parvenons à acquérir une connaissance plus exacte des choses. Il faut toutefois se méfier des écarts si faciles de notre esprit, le raisonnement ne peut pas tout expliquer, et il y a des vérités primordiales au-dessus de notre intelligence et qu'elle ne saurait deviner ; l'homme déchu n'est plus créé pour tout voir et tout comprendre, il n'est plus de la nature des anges, et après quarante siècles d'enseignements traditionnels, il n'est pas encore parvenu à s'expliquer parfaitement l'harmonie de l'univers.

Cependant, l'artiste comme le poète s'élève au-dessus du raisonnement, il plane dans les espaces infinis de l'Empyrée, il cherche toujours et devine quelquefois ce qu'il ne sait pas; c'est par l'imagination, sans cesse réchauffée par l'âme et le cœur, que toutes nos connaissances ont commencé, et la science n'est venue que long-temps après les grandes découvertes, pour les expliquer et les étendre en remontant à leurs causes. L'artiste et le savant sont plus en harmonie qu'on ne le pense : si l'un est trompé par son inspiration ou son génie, l'autre l'est également par ses observations ou son raisonnement; car, lorsqu'il ne peut découvrir la vérité qu'il cherche, il se laisse séduire par son inspiration, tant cette noble faculté est naturelle à l'homme, et le savant devient bien souvent artiste sans qu'il s'en doute. Combien d'exemples ne pourrions-nous pas citer pour démontrer cette vérité! Lorsque l'artiste et le savant sont réunis dans le même homme, ne manifeste-t-il pas alors une plus grande supériorité que lorsqu'il ne possède qu'une seule des deux facultés?

L'expression du chant ou la mélodie est l'âme de la musique; mais l'harmonie en est la langue, puisque sans elle la mélodie ne pourrait être rendue sensible, et ce bel art, aussi ancien que le monde, n'existerait pas. L'harmonie ou l'accord parfait des parties avec le tout joint instinctivement tout ce qui est divisé, et ses traces, faciles à suivre pour l'accord des sons dans le chant musical, sont souvent fugitives pour les opérations purement intellectuelles et ne sont visibles que pour l'esprit qui, seul, sent l'harmonie et la guide, ou plutôt se laisse guider par elle.

Ainsi s'harmonisent les idées qui se conviennent et s'expliquent réciproquement les unes par les autres, et dont l'enchaînement nous montre l'évidence ou la réalité des choses d'une manière nette et précise; l'accentuation de la parole, qui illumine la pensée en lui donnant une vigueur ou une douceur persuasive toute particulière qui va droit à l'âme; les sons élémentaires du chant qui, par leurs mesures et leurs combinaisons, produisent des sensations agréables qui, de l'oreille, se communiquent au cœur; la lumière qui, en changeant à chaque instant de direction et d'intensité, fait varier les ombres et les couleurs par des nuances infinies se faisant valoir les unes par les autres; les contours purs et corrects qui dessinent les objets les plus beaux, dont le type est tout à la fois dans la nature et dans notre imagination; les proportions des corps ou les nombreux rapports de leurs dimensions qui leur donnent un aspect lourd ou léger, écrasé ou élancé: enfin l'arrangement de chaque chose à sa véritable place, ou la disposition architectonique la mieux appropriée à nos besoins et la plus convenable pour satisfaire également la raison et le goût.

Le goût est la marque intellectuelle du vrai, toujours soumis à l'harmonie; il est le *criterium* du sentiment du beau, la rectitude du jugement qui choisit le vrai et rejette le faux, qui devine, discerne et sépare tout ce qu'il y a de disparate, de commun ou de trivial, pour ne conserver que ce qu'il y a de convenable, de gracieux et d'élégant, en plaçant chaque détail à la place qu'il doit occuper pour réunir l'utile à l'agréable. Toutes ces harmonies n'ont rien de matériel en elles-mêmes: toutes nous viennent de la même source de l'âme qui nous élève dans les régions supérieures de l'intelligence; toutes nous plaisent et paraissent constituer le vrai et le beau dans tous les genres.

Il y a vingt siècles que Platon a dit: « Le beau est la splendeur du vrai. » Le beau est idéal, il existe par lui-même; il ne vient pas uniquement de l'harmonie, mais il est, comme le goût, invariablement soumis à sa loi, et il ne peut réellement pas exister sans elle: aussi voit-on que les plus belles compositions sont toujours les plus harmonieuses.

On a long-temps discuté sur la question de savoir en quoi consiste le beau dans les arts d'imitation, et, si l'on est assez généralement d'accord sur ses effets merveilleux, on ne l'est pas également sur les causes qui les produisent. Les uns ont expliqué le beau par la pureté et la correction de la forme, sans pouvoir se rendre compte du type ou du modèle qu'elle doit imiter; les autres par la justesse des proportions, sans se rendre bien compte de l'exactitude de leurs rapports; et tous ceux qui ont essayé de traiter ce sujet épineux ont imaginé de belles pensées, rendues avec beaucoup d'agrément pour faire valoir leur opinion; ils ont délicatement enlevé les épines du sujet pour n'en laisser voir que les fleurs, et il est fort probable que tous ces systèmes, si ingénieux en apparence, ne soient en réalité que des rêves de l'imagination.

Cependant, l'illustre auteur qui a si admirablement réfléchi le génie du christianisme sur la France, à une époque où toutes les croyances avaient été si fortement ébranlées, ne pouvait oublier de définir le beau idéal qui en est l'expression : aussi a-t-il dit: « A mesure que la société multiplia les besoins de « la vie, les poètes apprirent qu'il ne fallait plus, comme par « le passé, peindre tout aux yeux, mais voiler certaines parties « du tableau. Ce premier pas fait, ils virent qu'il fallait encore « choisir, ensuite que la chose choisie était susceptible d'une « forme plus belle ou d'un plus bel effet dans telle ou telle « position. Toujours cachant et choisissant, retranchant ou « ajoutant, ils se trouvèrent peu à peu dans des formes qui « n'étaient pas naturelles, mais qui étaient plus parfaites que la « nature; les artistes appelèrent ces formes le beau idéal. » C'est par cet artifice que les corps naturels, tels que les plantes et les animaux, servant à l'ornementation, ont pris d'abord des formes plus régulières que celles de la nature et sont ensuite devenus tout-à-fait symétriques, puis fantastiques et imaginaires, comme on le voit surtout dans l'emploi des feuilles, des fleurs et des animaux chimériques dans l'ornementation des monuments, qui remonte cependant à l'art de la plus haute antiquité. « On peut donc définir le beau idéal : l'art de choisir « et de cacher. Cette définition s'applique également au beau « idéal moral et au beau idéal physique. Celui-ci se forme en « cachant avec adresse la partie infirme des objets, l'autre en « dérobant à la vue certains côtés faibles de l'âme. »

Malgré l'exactitude de cette définition, exprimée dans des

termes si simples et si précis, le beau idéal se devine mieux qu'il ne se définit ; c'est une énigme dont tout le monde ne trouve pas facilement le mot : on n'explique pas le beau, on le sent, et peu de personnes ont la faculté de le reproduire en le réfléchissant directement de leur esprit sur celui des autres.

L'étude des formes, dans leurs combinaisons et leurs oppositions qui varient à l'infini, nous démontre que toutes sont bonnes en elles-mêmes, et qu'elles peuvent toutes être employées pour imiter et bien rendre la diversité des objets que nous présente la nature et que notre imagination défigure ou embellit, selon qu'elle est impressionnée ou affectée par le goût. C'est par leurs nombreux rapports que les formes se font valoir les unes par les autres, et la loi de l'harmonie peut seule les joindre ensemble et les coordonner.

L'étude et la pratique des proportions nous démontre qu'il n'est pas nécessaire qu'elles soient dans un rapport rigoureusement parfait, car l'œil ne peut pas apprécier ce rapport avec la même précision que l'oreille mesure les sons dans la musique ; il suffit que les rapports des proportions, étant comparés avec le *module pris pour unité de mesure*, ne soient ni trop éloignés, ni trop rapprochés de cette unité pour que les proportions produisent un bon effet. Si les rapports sont trop éloignés, la vue est choquée par la disparité des grandeurs que l'œil sépare de suite ; si au contraire les rapports sont trop rapprochés, ils se détruisent en se confondant, et alors l'uniformité monotone remplace la variété séduisante qui captive si agréablement l'esprit.

Tout le secret de l'art des proportions consiste dans la limite de leur mesure et dans leur accord mutuel, qui fait percevoir plus facilement leurs rapports ; il n'est pas indispensable que la mesure soit exactement géométrique, comme cela doit toujours avoir lieu pour les sons dans la musique, puisque la hauteur peut varier pour une largeur donnée sans que le bon effet de l'ensemble soit détruit ; il arrivera seulement que cet effet sera plus ou moins élancé, et il suffit de ne pas dépasser certaines limites que la convenance du sujet indique toujours, il suffit de se laisser guider par l'harmonie qui seule règle, souvent à notre insu, les proportions les plus belles, c'est-à-dire les plus harmoniques.

Au point de vue architectonique, l'art des proportions ou des rapports réciproques des dimensions entr'elles est plus facile à comprendre; car il consiste à composer l'ossature de l'édifice avec le degré de force, de résistance et d'équilibre pour obtenir la solidité nécessaire, et y coordonner ensuite proportionnellement tous les détails avec la légèreté et la délicatesse, ou avec la lourdeur et la force relative que comporte le genre et la destination de l'édifice.

Cette théorie harmonique des proportions ainsi expliquée peut paraître, au premier abord, uniquement matérielle; mais c'est là une fausse apparence, car elle s'applique également à l'art intellectuel et moral; elle ne souffre aucune exception, la juste mesure étant toujours nécessaire dans toutes les conceptions de l'esprit, quel qu'en soit le sujet, qu'il s'agisse d'architecture, de sculpture, de peinture, de musique ou de poésie.

Mais ce qu'il importe surtout de bien faire remarquer au point de vue de notre sujet, c'est que l'art des proportions joue le principal rôle dans l'architectonique des monuments, et qu'en s'alliant avec l'harmonie et le goût il engendre nécessairement la beauté de la forme, dont l'esprit d'unité constitue l'art tout entier. Voilà ce qu'il importe de bien comprendre et de bien retenir.

Le caractère de l'art varie suivant les temps et les peuples, et son style exprime ce caractère dans toutes ses transitions et toutes ses nuances. On voit déjà, par ces considérations générales, que les proportions, en déterminant les rapports des mesures entr'elles, donnent à la forme un aspect massif ou léger, et que le goût, ce sentiment exquis du vrai, établit une concordance mutuelle entre les formes et leurs proportions, d'où résulte nécessairement aussi l'harmonie ou le rapport parfait de toutes les parties avec l'unité de l'ensemble. Donc, la triple alliance unitaire des proportions, du goût et de l'harmonie engendre la beauté de la forme; c'est la chaîne intellectuelle la plus ingénieuse qui puisse sortir de la main de l'homme, la chaîne qui lie les beaux-arts dont les anneaux sont si péniblement rivés par l'artiste qui, en fermant le dernier, réfléchit le *beau idéal* que Dieu dans sa bonté lui révèle ou lui inspire, selon que son amour et sa foi sont assez ardents pour le concevoir.

Le beau ne ressemble qu'à lui-même ; il ne se décompose pas dans ses éléments, car il est simple comme Dieu ; on ne peut donc pas l'expliquer comme un théorème de géométrie, et tout ce que nous venons de dire ne peut que le faire deviner par les esprits disposés à le concevoir. Le beau en tout c'est Dieu lui-même, réfléchissant son esprit créateur sur nos âmes, et celui qui ne comprend pas cette pensée comme un axiôme, ne la comprendrait pas davantage par une plus longue explication. On n'explique pas Dieu ; on le sent et on l'aime comme la source unique du bien, du vrai, du beau, et celui-là seul qui a le sens divin a la connaissance de la raison d'être des choses. L'absence de Dieu nous conduit inévitablement à la négation de tout, et la négation absolue n'est que l'affirmation de l'ignorance absolue : « Pour le matérialiste tout ici-bas est hasard, chaos, mort et néant, il n'y a rien d'harmonieux. »

Avant d'entrer plus explicitement dans le vif de la question et de la traiter d'une manière simple et pratique, il est nécessaire que nous nous arrêtions encore un peu sur les généralités de l'esprit de l'art et sur les causes qui l'ont engendré et modifié chez tous les peuples, anciens et modernes. Cette étude nous montrera que, dans tous les temps et dans tous les lieux, les mêmes causes ont sans cesse produit les mêmes effets, et que la décadence des mœurs a toujours amené la décadence de l'art.

Nous entrerons ensuite dans les détails techniques et pratiques qui, nous l'espérons, ne laisseront rien à désirer pour arriver à la solution de la question posée : Le XIXe. siècle finira-t-il par avoir un style d'architecture qui lui soit propre ? Et cette solution, positive ou négative, dépendra entièrement de l'adoption ou du rejet des principes, aussi vieux que le monde, que nous allons exposer, et qui cependant sont encore couverts d'un voile qui les cache à la plupart des intelligences : *non nova, sed novè.*

CHAPITRE II.

ESPRIT DE L'ART.

Les monuments de l'art représentent l'histoire et les mœurs des peuples avec des caractères de pierre plus lisibles, pour ceux qui savent les comprendre, que ceux de l'écriture usuelle.

Pour mettre cette vérité dans tout son jour et la faire entrer dans toutes les intelligences, il serait nécessaire de passer en revue l'art de tous les peuples, depuis l'antiquité la plus reculée jusqu'à nos jours.

De ce vaste sujet, nous ne cueillerons que la fleur, nous tâcherons de la dégager le plus possible de ses épines; mais nous devons prévenir, dès l'entrée, le lecteur de ne pas trop se rebuter par quelques détails techniques, qu'il jugera sans doute trop minutieux ou trop arides et qui, cependant, sont nécessaires pour développer convenablement l'idée fondamentale de cet ouvrage, cette idée devant nous conduire, par une suite de déductions, à prouver que l'art moderne est dans une fausse voie, parce qu'il n'est pas en harmonie avec notre génie national, et que la force des choses qui nous pousse en avant par un mouvement lent, mais irrésistible, nous forcera tôt ou tard à l'abandonner, pour le remplacer par un nouvel art mieux approprié aux besoins si impérieux de ce siècle.

Ce petit ouvrage, qui n'a l'air de rien, tendrait donc tout simplement et tout modestement à détrôner l'art imité des siècles passés, et particulièrement celui si malheureusement introduit dans notre société chrétienne, au XVIe. siècle, sous le nom de Renaissance.

Mais, pour justifier une prétention aussi exorbitante que celle de la rénovation de l'art consacré par l'usage, il est nécessaire de suivre les traces de ses transformations successives à travers les siècles et les révolutions, afin de juger si, réellement, il en a existé un mieux approprié à nos besoins et à notre climat que celui que nous avons reçu de la Renaissance italienne.

Nous allons, en conséquence, agiter beaucoup d'idées en peu de mots, et présenter en quelque sorte la Genèse de l'art; nous voudrions surtout faire bien comprendre le caractère distinctif de chaque époque, plutôt sous le rapport architectonique que sous le rapport historique et archéologique, dont nous ne dirons que peu de chose, et seulement pour remplir les vides de notre dissertation, afin de la rendre moins aride pour en faire supporter la lecture.

Nous commencerons à dessiner à grands traits les caractères de l'art dès la plus haute antiquité pour arriver, par une chaîne non interrompue, à celui qui surgit tout à coup au XIIIe. siècle avec un caractère tout particulier qui n'appartient qu'à lui. Depuis que cet art a été méconnu et délaissé, on ne l'a plus désigné que sous le nom de gothique. Vasari, le premier, a dit : *Questa maniera fu trovata da' gotthi*, et cependant, dans un autre passage, le même auteur l'appelle *maniera tudesca*. Il est vraiment curieux d'énumérer la diversité de noms et d'origines donnés par les auteurs à cet art ; ce qu'il y a de bien certain, c'est que, la chose n'étant plus connue, chacun lui a donné une origine différente, et que le nom de gothique, « quoique parfaitement consacré par l'usage, est parfaitement impropre », puisque cet art n'existait pas encore à la fin du XIIe. siècle, et que les Goths ont disparu de la scène du monde depuis le VIe.

A une époque où toutes les idées populaires étaient renouvelées des Grecs et des Romains, et dont l'engouement a duré jusqu'à ces derniers temps et dure encore pour beaucoup de personnes, il était tout naturel de flétrir, par cette expression barbare de gothique, un art dont on avait perdu le sens. Nous verrons que l'espèce de mépris, que la mode de ce temps a voulu lui infliger, n'est pas plus juste que le mot employé pour le définir.

L'art du XIIIe. siècle ne fut pas une rénovation comme celui du XVIe.; il fut, au contraire, une création qui surgit dans toute l'Europe à la fois, et qui éleva partout un grand nombre de monuments du même style, aussi admirables par l'esprit religieux qui les a conçus que par leur disposition architectonique tout à la fois simple, intelligente et grandiose. Pour employer une expression qui appartienne exclusivement à cet art, on devrait adopter celle qu'a proposée M. de Caumont, le fondateur de la science archéologique; on pourrait seulement conserver la consonnance du mot gothique et dire : genre, style, art ou architecture ogivique.

Nous examinerons, avec les développements justement nécessaires, si cet art, si étrangement méconnu et oublié, peut être avantageusement imité, du moins dans son ensemble et ses proportions, pour être approprié à nos usages actuels et devenir l'art normal de l'avenir, en tenant toutefois compte des progrès des sciences et des arts mécaniques de ce siècle.

Il ne s'agit pas ici de l'art purement matériel, qui, dégagé de toute pensée morale ou esthétique, ne serait plus que le métier de bâtir et tout au plus celui d'élever les bâtiments nécessaires aux besoins de la société. Considérés sous ce rapport, uniquement matériel, tous les édifices auraient à peu près la même physionomie, le même caractère simple, froid et compassé; ils pourraient plaire quelquefois par la régularité et la symétrie de leur ensemble; mais ils ne diraient absolument rien à l'âme, ils représenteraient uniquement des besoins satisfaits : ils seraient muets sur les idées morales des peuples.

Ce mutisme moral dans l'art est désespérant. L'esprit matériel de notre temps ternit, aussitôt qu'elle est éclose, cette douce fraîcheur de sentiment dans la jeunesse; cet amour tendre et passionné qui n'aperçoit que le beau côté des hommes et des choses, cet instinct de l'art qui donne de la vie à tous les objets physiques, une couleur à l'air que l'on respire, un parfum particulier à la contrée que l'on traverse; tout s'embellit à nos yeux avides et curieux, tout nous inspire et nous charme dans cet âge heureux. Cette fleur si suave de la jeunesse, cette douceur, tout à la fois calme et voluptueuse, ce velouté dans les traits, cette tendre expression dans le regard s'animent à l'aspect de la belle nature et réfléchissent l'art instinctivement; car la jeunesse le devine, mais ne peut encore comprendre ses profonds mystères. Plus tard, à mesure que l'on avance péniblement dans la vie, ces douces illusions s'évanouissent comme un songe et sont remplacées par le désenchantement; l'âme alors perd son ressort, la foi s'éteint insensiblement, et, ce qu'on a pris jusqu'alors pour la réalité, devient le doute affreux qui nous précipite dans l'erreur et dans un accablement intolérable. La pensée s'assombrit, la manière de la rendre s'alourdit comme la matière dont elle est le reflet; le sentiment de la foi, source du vrai et du beau, est anéanti; l'homme reste tout seul, et, privé de l'esprit divin, il ne sent plus que son côté animal. Voilà l'histoire fidèle de tant de jeunes âmes, perverties par le souffle impur de l'incrédulité. Sans foi, il n'y a pas d'art.

Pour bien saisir l'esprit des monuments, ce n'est pas l'histoire dégradée d'un seul peuple qu'il convient d'étudier, c'est l'histoire de tous les peuples à la fois, qui s'explique l'une par l'autre en interrogeant les ruines des édifices qui forment la chaîne continue de l'art depuis le berceau du monde jusqu'à nos jours. C'est par ces rapprochements qu'on peut espérer de pénétrer l'esprit et le véritable caractère qui est inhérent à chaque peuple et à chaque époque; c'est par la comparaison universelle de tous les monuments entr'eux qu'il est seulement possible de faire pressentir comment ils réfléchissent le génie, les idées et les mœurs des peuples qui les ont élevés.

La nécessité, mère de toute industrie, a bien été l'origine de la construction des édifices indispensables aux besoins de la société naissante; mais il n'est pas exact de dire que la nécessité seule a créé l'architecture. — Châteaubriand, qu'on doit toujours citer lorsqu'il s'agit du génie du christianisme et du génie de l'art, a dit: « Attachés aux pas de la Religion chrétienne, les Beaux-Arts la reconnurent pour mère aussitôt qu'elle parut au monde; ils lui prêtèrent leurs charmes terrestres, elle leur donna sa divinité; la musique nota ses chants, la peinture la représenta dans ses douloureux triomphes, la sculpture se plut à rêver avec elle sur les tombeaux, et l'architecture lui bâtit des temples sublimes et mystérieux comme sa pensée. » C'est uniquement de l'esprit religieux que l'art est né, et tous les peuples, dès l'antiquité la plus reculée, ont presque partout élevé des temples au Créateur, qui a toujours été reconnu pour le grand architecte de l'univers visible et invisible.

En étudiant profondément ce sujet, d'ailleurs rempli d'attraits et de graves enseignements, on finit par découvrir que les types d'art, parfaitement caractérisés, ne sont pas si nombreux qu'on serait d'abord porté à le croire : il suffit pour cela de savoir distinguer les nuances qui l'ont graduellement transformé chez tous les peuples, et dont chacun a eu ses commencements indécis ou inconnus, ses progrès et sa décadence, tout en conservant son type primitif qui s'est peu à peu effacé par les conquêtes, le mélange des races et les diverses phases de la civilisation.

C'est principalement l'esprit et l'architectonique, et réciproquement l'un par l'autre, que nous interrogerons dans les monuments des divers peuples, et tout particulièrement dans ceux du moyen-âge, depuis le XIe. siècle jusqu'au XVIe.

Nous étudierons ensuite les modifications possibles de cet art, pour qu'il puisse s'harmoniser avec nos mœurs et nos besoins actuels.

Il est temps enfin d'abandonner les préjugés de l'école qui nous subjugue depuis trois siècles ; il est temps enfin d'exhumer le bon côté de notre vieille histoire nationale et notre vieil art, si dédaigneusement oublié, et de réhabiliter le génie chrétien qui, au fond, n'est jamais sorti du cœur de la nation.

Nous terminerons ce chapitre par la comparaison du caractère de l'art antique et de l'art chrétien, qui seront tous deux développés dans le cours de cet ouvrage.

L'art antique dérive entièrement de la construction et de la nature des matériaux, le raisonnement la détermine et motive sa forme ; l'art chrétien, au contraire, ne s'occupe ni de la construction ni de la nature des matériaux : petites pierres, moëllons et briques, tout lui est à peu près bon ; l'artiste chrétien cherche la disposition et la forme, non par le raisonnement, mais par l'inspiration esthétique : le sentiment religieux le détermine et donne naissance à son œuvre.

Voilà la caractéristique des deux arts : l'un, tout rationnel et réglé, fixe des bornes trop circonscrites à l'invention ; son génie est celui de l'imitation, et il a su choisir dans la nature la beauté primitive simple et régulière de la forme ; il parle aux sens émerveillés, mais on cherche en vain une âme dans un si beau corps ; l'autre, tout spirituel et libre, ne connaît d'autres bornes à son imagination que celles du possible. Son génie est celui de l'invention, il a su trouver une variété infinie dans les détails et une grandeur dans l'ensemble qui réveille l'âme, l'émeut et la surprend en exaltant à la fois les sens et le cœur.

L'art antique, dans sa beauté physique et matérielle, raisonne et analyse tout : de là sa froideur, qui vient de son uniformité trop compassée ; l'art chrétien raisonne moins et s'inspire davantage, il s'anime par une grande pensée et devine le beau : de là sa variété infinie, son originalité et quelquefois aussi sa bizarrerie. — Bref, l'un est né de la matière et l'autre de l'esprit ; l'un dépend de règles trop inflexibles qui paralysent son essort ; l'autre, au contraire, né de l'esprit et de l'indépendance de son libre arbitre, ne s'assujettit pas assez aux règles qu'il paraît quelquefois dédaigner.

Voilà justement ce qui sépare et distingue les deux arts..... Ah ! si on pouvait les réunir dans le même concert d'harmonie ! Que dis-je ! cela arrivera nécessairement un jour, lorsque les hommes seront plus éclairés et plus religieux. La religion, bien comprise, est le seul point lumineux qui rayonne sur notre intelligence, le vrai et le beau moral ; or, la beauté morale surpasse la beauté physique de toute la différence qui existe entre la matière et l'esprit, entre le corps qui se dégrade et périt et l'âme qui est immortelle.

CHAPITRE III.

GENÈSE DE L'ART.

L'art est horizontal comme les grandes lignes du désert dans toute l'antiquité ; il devient cintré comme l'ancien arc-en-ciel, au plus beau de l'Empire romain ; mais déjà sa décadence commence à se manifester et ne s'arrête plus qu'au Xe. siècle. Il reprend alors un nouvel éclat et s'élève graduellement jusqu'au XIIIe. siècle, époque merveilleuse du génie chrétien où il devient vertical en s'élançant vers le ciel comme les pics étincelants des montagnes, ou plutôt comme la prière en créant un style nouveau tout-à-fait inconnu des anciens.

A la fin du XVe. siècle, les croyances religieuses étant déjà ébranlées, ce bel art s'ébranle aussi jusque dans ses fondements. Deux écoles sont en lutte : celle qui va mourir réfléchit encore avec amour l'idée religieuse prête à lui échapper : l'Angélique de Fiésole et Raphaël sont ses deux rayons expirants. La nouvelle école peint avec une mâle vigueur la beauté régulière de la forme qu'elle vient d'exhumer de l'antiquité : Michel-Ange et Léonard de Vinci sont ses deux génies les plus mâles qui, par leurs longs travaux dans tous les genres, en firent naître une infinité d'autres qui remplirent le XVIe. siècle de gloire.

Alors la matière triomphe décidément sur l'esprit, alors commence l'ère moderne. L'art moderne est né de la beauté simple et régulière de la forme antique, mais aussi de la négation ou du doute dans les croyances religieuses ; il réfléchit parfaitement la société qui l'a produit et celle qui l'a suivie; mais cet art finira aussi à son tour. L'esprit ne sera plus exclusivement dominé par la matière : la vérité triomphera tôt ou tard de l'erreur, et l'amour divin remplacera l'égoïsme des âmes qui ronge la société actuelle.

Par ce peu de mots, on voit que les types caractéristiques de l'art ne sont pas aussi nombreux qu'on serait d'abord porté à le supposer ; l'art est horizontal ou vertical et se modifie par l'emploi des voûtes et des arcs en plein-cintre ou en ogive ; il peut être renfermé dans cinq grandes divisions, et si l'on ajoute l'art moderne, depuis le XVIe. siècle, on a six divisions ou caractères principaux.

Exposons d'abord ces cinq divisions, d'où sortiront les subdivisions ou styles divers selon les peuples et les époques.

1°. *Art primitif* ou horizontal, depuis les temps les plus reculés jusqu'aux Grecs qui l'ont porté à son plus haut degré de perfection.

2°. *Art secondaire :* horizontal d'abord, il devient graduellement cintré au plus beau de l'Empire romain, sous Auguste.

3°. *Art tertiaire*, depuis l'invasion des barbares jusqu'au Xe. siècle. Dans cette période de six siècles, mélange de toutes les nationalités et de toutes les idées; l'art tombe à peu près partout dans la plus complète décadence. Deux styles différents peuvent seulement être distingués : Rome, à l'occident, conserve les traditions latines : Byzance, à l'orient, capitale du nouvel empire grec, crée en quelque sorte un nouvel art, et au VIe. siècle brille la coupole de St[e].-Sophie, le plus beau monument de cette époque.

4°. Dès le XIe. siècle, l'art roman se perfectionne en Occident : art cintré par excellence, véritable réminiscence de l'art antique dont les traditions avaient été perdues dans le grand naufrage de l'Empire romain. Cet art se mêle rarement à l'art byzantin, quelquefois cependant ce mélange se fait remarquer dans la coupole et l'ornementation des détails; mais le plan et les parties principales des édifices conservèrent toujours, en Occident, le cachet roman et les traditions latines.

5°. *Art ogivique.* Arrive enfin le XIIIe. siècle, époque de régénération sociale dans tous les genres; c'est alors que l'art vertical ou ogivique fait son apparition dans l'Europe occidentale qu'il couvre de monuments admirables.

6°. *Art moderne.* La Renaissance, ou le retour aux œuvres

de l'antiquité païenne, s'empare de tous les esprits : dès ce moment, la société chrétienne se modifie profondément, elle change le principe du libre arbitre en celui du libre examen : aussitôt elle discute et raisonne sur tout ; l'autorité s'affaiblit, chacun se fait juge, la raison humaine se déifie, le doute devient presque universel en toutes choses.

Mais l'art religieux ne put devenir païen en un jour, il lui fallut plus de cinquante ans pour opérer sa transformation ; pendant ces cinquante années et sous le règne des derniers Valois en France, il s'éleva un grand nombre d'édifices remplis de grâce et de délicatesse qui devaient tout leur éclat justement à l'art national qui allait mourir, et personne ne s'en aperçut. En général, on croit encore que c'est cette époque véritablement artistique, qu'on pourrait plutôt désigner comme celle des tailleurs d'images et des figurines, qui doit être appelée la Renaissance, tandis que l'art qu'elle reflétait encore n'a vécu que la vie de ses artistes ; il s'est d'abord appauvri, et, à force de vouloir imiter l'antique, il a fini par ce que nous avons vu depuis Henri IV jusqu'à nos jours.

Commençons par tracer les lignes principales de l'art pour faire bien comprendre ses transformations successives depuis l'origine des temps jusqu'à nos jours. Ces lignes sont nécessaires comme point de départ et nous serviront de jalons pour ne pas nous écarter de la véritable voie ; il serait fort utile que les grandes masses fussent correctement dessinées pour mieux saisir, d'un coup-d'œil, les caractères et les styles de l'art de tous les peuples comme nous allons les classer. Par tous ces moyens réunis et quelques répétitions inévitables dans l'exposition d'un si grand nombre de faits épars dans le monde et qu'il s'agit de réunir et de coordonner, nous pouvons espérer d'atteindre plus facilement le but que nous nous sommes proposé.

Art primitif.

Au commencement, les peuples primitifs qui ont créé un art parfaitement caractérisé sont les Indiens, les Égyptiens, les divers peuples de l'Asie-Mineure, dans lesquels nous comprenons les Babyloniens, les Chaldéens, les Mèdes et les Assyriens, les Phéniciens, les Hébreux et les Perses. Enfin nous ajouterons les Chinois, malgré leur éloignement géographique de l'ancien monde, comme étant très-probablement descendus des plus anciens peuples de l'Asie-Mineure, ainsi que paraît le démontrer le rapprochement de l'écriture hiéroglyphique primitive.

Les Indiens.

L'art indien se perd dans la nuit des temps ; il se fond graduellement, comme les idées religieuses de ce peuple stationnaire, avec l'art moderne, sans exercer la moindre influence sur aucun autre peuple. Il est toujours le même ; ses progrès ne paraissent pas plus sensibles que ceux de l'éléphant, qu'il a su patiemment associer à ses travaux et qu'il semble avoir pris pour modèle, dans la forme et les proportions de ses monuments.

L'art indien brille par la multiplicité et le fini des détails, la grandeur colossale et la grosseur amplifiée jusqu'à la difformité dans la statuaire de ses divinités, dont leurs membres multiples font autant de monstres.

On peut représenter l'art indien, d'un seul coup-d'œil, par un dessin disposé ainsi :

Au centre, la pagode moderne de Jagrenak ; derrière et sur les côtés, l'intérieur des temples souterrains d'Élora ou de Salcette. Sur chaque côté, un éléphant soutenant des restes écroulés de l'entrée des temples; entre les éléphants, des débris, des détails bizarres et très-ornés ; au bas, un serpent boa pour terminer le dessin, avec une inscription en caractères indiens anciens.

Les Égyptiens.

L'art égyptien a pris naissance dans la Nubie, l'Éthiopie ou la Haute-Égypte, pour descendre sur les bords fertiles du Nil où il a brillé pendant vingt siècles ; il porta son influence plus ou moins directe sur les plus anciens peuples de la Grèce et de l'Asie et finit par mourir avec la chute de l'Empire romain.

L'art égyptien est le type de la grandeur, de la solidité et de l'éternité ; grave, sévère et majestueux dans ses grandes lignes horizontales, il réveille de grands souvenirs, il inspire la tristesse des tombeaux. Ses lignes sont sèches et son ornementation raide et trop symétrique; cependant, on ne peut se défendre d'un sentiment d'admiration en parcourant ces vastes ruines de l'art et du peuple des Pharaons.

On peut représenter l'art égyptien, d'un seul coup-d'œil, par un dessin disposé ainsi :

Au centre, l'entrée d'un palais ou pylone, précédé de deux obélisques couverts d'hiéroglyphes et d'une cour ; sur le derrière, la grande pyramide ; sur chaque côté, un sphinx colossal pour cadre ; entre les sphinx, des momies et leurs boîtes ornées, des débris, des chapiteaux, etc.

Au bas du dessin, au milieu, le bœuf Apis avec une inscription en caractères hiéroglyphiques.

Les Babyloniens et les peuples de l'Asie-Mineure.

Les Babyloniens, les Chaldéens, les Mèdes et les Assyriens, auxquels on peut joindre les Phéniciens et les Hébreux, et par analogie les Perses les plus anciens, paraissent avoir eu un art très-avancé dès la plus haute antiquité.

Cet art a légèrement influencé les plus anciens Grecs et n'a laissé que de faibles traces matérielles, jusqu'ici muettes, de sa splendeur. Néanmoins, les monticules de débris encore existants ont pu faire découvrir que ces immenses constructions royales étaient généralement en briques, couvertes en bois et toujours élevées sur des terrasses en retraite les unes au-dessus des autres, soutenues par des murs de diverses couleurs à chaque étage, ornés de peintures, de mosaïques et quelquefois de bas-reliefs en pierre, avec de grands escaliers droits ou des rampes douces pour y accéder.

Les anciens historiens paraissent avoir exagéré la grandeur et la magnificence de ces vastes monuments par des descriptions emphatiques et orientales.

On peut représenter l'art de ces anciens peuples, d'un seul coup-d'œil, par un dessin disposé ainsi :

Au centre, la tour en spirale de Bélus ; sur le devant, d'un côté, terrasses superposées ou jardins suspendus de Babylone ; et sur l'autre côté, le temple de Salomon.

Deux grands monstres chimériques, placés à droite et à gauche, formant cadre ; entre ces monstres, des débris de briques vernies et des chapiteaux des ruines de Persépolis, des bas-reliefs exhumés de Ninive, une galère phénicienne, etc.

Au bas du dessin, sur le milieu, le veau d'or !

Avec une inscription symétrique en caractère hébreu ancien.

Les Chinois.

L'art si fragile des Chinois n'a pu laisser aucune trace de son antiquité : on dirait qu'il a toujours été le même, immobile de sa nature comme le peuple qui l'a produit ; cet art n'est pas un art proprement dit, c'est plutôt une industrie merveilleuse qui en tient lieu ou qui le remplace : il n'a, d'ailleurs, jamais porté son influence sur celui d'aucun autre peuple.

Son type est celui de la tente et du parasol, entouré de festons et de clochettes et bariolé des plus brillantes couleurs. Tous les édifices se ressemblent et ne peuvent avoir, en général, que la durée du bois et des peintures qui couvrent l'extérieur comme l'intérieur. Le goût de ce peuple est dans l'éclat et le vernis des couleurs ; son dessin est raide et sec comme les essais de l'enfance ; l'étude de la forme artistique lui est inconnue : il ne sait qu'imiter, et par sa nature, il aime la complication, le bizarre et les monstres.

On peut représenter l'art des Chinois, d'un seul coup-d'œil, par un dessin composé ainsi :

Au centre, la tour de porcelaine de Nankin, pavillons et étoffes bariolées, chinées et déployées sur les côtés. Le fleuve Jaune avec une jonque, des canaux, des écluses et des machines à eau.

Deux grands dragons, placés à droite et à gauche ; entre ces monstres, divers objets industriels : machine à calcul, porcelaines et chinoiseries diverses, laques et découpures à jour très-variées, etc.

Au bas du dessin, sur le milieu, un caïman.

Avec une inscription en caractères idéologiques chinois.

Art secondaire.

Les Grecs.

L'art grec emprunte d'abord son principe aux Phéniciens en ne bâtissant qu'en bois, et ensuite aux Égyptiens en imitant leurs lourdes colonnes ; mais ce peuple ingénieux eut l'art d'être original, même en copiant les autres, et il arriva de suite à créer un art entièrement national, d'une noble simplicité et d'une beauté matérielle dans les formes qui n'a jamais pu être atteinte par aucun autre peuple.

Cet art, gracieux et savant dans la construction de ses temples, atteint son apogée sous Périclès ; mais sa décadence arrive avec les dissensions civiles jusqu'à ce que les Romains fassent la conquête du peuple et de son art. La force matérielle et guerrière triompha du génie et de l'esprit ; la division était parmi les Grecs, et cette division, inhérente au caractère de ce peuple, devait finir par l'ensevelir sous ses monuments. Le peuple grec antique mort, rien n'a pu jamais le ressusciter, et ses nobles ruines sont restées pour nous montrer son génie et nous dire ses malheurs !

On peut représenter l'art grec, d'un seul coup-d'œil, par un dessin disposé ainsi :

Le temple de Corinthe, ou le Parthenon, et les propylées simplement et correctement dessinés.

Sur un côté, la statue d'Apollon ; sur l'autre côté parallèle, la Vénus de Milo ; entre ces statues, débris et détails architectoniques du goût le plus pur et de la plus belle exécution, tels que les frises du Parthenon, de la tour des Vents, du temple de Corinthe, etc., etc.

Au bas du dessin, sur le milieu, la tête du Laocoon avec une partie du serpent qui enlace son corps.

Avec une inscription en caractères grecs.

Les Romains.

Les Romains ont couvert le monde de monuments et de ruines. Pendant six cents ans, ils n'eurent qu'un art peu avancé et fort lourd, emprunté aux Étrusques, leurs voisins. Ce n'est qu'un peu avant le règne d'Auguste que l'art romain est véritablement en progrès, il atteint promptement sa plus grande perfection par les artistes et les dépouilles qu'il enlève à la Grèce; et, depuis la prise de Corinthe, les vainqueurs transportèrent à Rome les plus admirables débris de ses monuments.

Le règne d'Auguste forme presque à lui seul la seconde époque de l'art, qui est celle de sa plus grande splendeur. La décadence commence aussitôt et forme la troisième époque, qui s'annonce par un luxe effroyable : les édifices se surchargent d'ornements et de dorures, à l'intérieur et à l'extérieur, comme à la maison dorée de Néron. Viennent ensuite les amphithéâtres et le vaste Colysée.

La décadence continue, la quatrième époque commence et se manifeste par la négligence dans la construction : les gros blocs de marbre sont remplacés par de petits moëllons cubiques entremêlés de briques, et les monuments gigantesques des thermes s'élèvent. Les colonnes monolithes isolées sont remplacées par des pilastres en relief sur les murs; les voûtes d'arêtes sont employées; le mauvais goût dans l'ornementation s'introduit, de petites colonnes se placent contre les murs et même en porte-à-faux sur des consoles; enfin les colonnes ne sont plus reliées par des entablements horizontaux, mais par des arcs en plein-cintre, avec ou sans archivoltes, comme au palais de Salsona, construit par Dioclétien.

Enfin l'art antique meurt sous Constantin, au IVe. siècle, et, dans sa dégénérescence, donne naissance à l'art roman que l'Occident a toujours conservé et à l'art byzantin, imaginé par les Néo-Grecs dégénérés qui portèrent eux-mêmes une main dévastatrice sur les restes des admirables monuments de leurs ancêtres qu'ils ne surent plus comprendre ni imiter. Les Grecs, vaincus par les Romains, n'ont jamais pu redevenir Grecs dans leur décadence; ils ne le redeviendront pas plus de nos jours, et leur race antique est à jamais perdue.

L'art antique abattu, ses débris servirent pendant très-longtemps à élever les édifices des nouveaux peuples appelés à régner sur leurs ruines: c'était là leurs carrières de marbre et même leur pierre à chaux. C'est cet art dégénéré et barbare qu'il nous reste à suivre dans ses révolutions successives et qui a donné naissance à tous les styles de l'Orient et de l'Occident.

L'art romain, dans son apogée, est rempli de magnificence et de grandeur comme les idées du peuple conquérant qu'il réfléchit admirablement: les maîtres du monde voulurent aussi être les maîtres de l'art, et ils le furent, grâce aux Grecs qui devinrent leurs artistes et leurs serviteurs.

On peut représenter l'art romain, d'un seul coup-d'œil, par un dessin disposé ainsi :

Au centre, le temple de Jupiter ou e portique du Panthéon; l'extérieur du Colysée d'un côté, et l'intérieur avec ses gradins de l'autre côté.

Un lion et un tigre pour cadre; entre ces animaux féroces, symbole de ce peuple cruel, des débris, des chapiteaux, des bases, des moulures et des ornements d'architecture de la plus belle exécution.

Au bas du dessin, au milieu, la louve romaine.

Avec une inscription en caractères latins.

Art tertiaire.

Les Byzantins.

Constantin, en portant le siége de l'Empire à Byzance, changea la face du monde et créa un nouvel art.

Il porta d'abord l'art romain des basiliques latines, dont le plan se trouva naturellement bien disposé pour le culte chrétien ; mais, en arrivant à Byzance, il trouva l'art néo-grec qui préludait à son établissement. Cet art, encore plus dégénéré que celui de Rome, avait néanmoins un caractère particulier qu'il a toujours conservé : c'est la coupole au centre de la croix du plan de l'église. Cette coupole vint s'ajuster tout d'abord au centre des basiliques latines ; peu à peu les nefs se raccourcirent et les quatre bras de la croix finirent, dans la suite des temps, par devenir égaux; c'est ce qu'on appelle encore la croix grecque.

L'art byzantin a eu une durée de onze cents ans ; il a été influencé par les révolutions successives de ce peuple léger, inconstant et politiquement cruel, surtout dans la guerre des Iconoclastes, guerre si déplorable pour la religion et pour l'art.

On peut le classer dans les trois périodes suivantes :

1°. De l'avènement de Constantin jusqu'à Justinien (325-527); ce sont ses prémices, dont il ne reste plus de traces apparentes ;

2°. L'époque glorieuse de Justinien, qui vit s'élever St.-Sophie, temple vaste et magnifique, la merveille de ce temps dans le monde chrétien, et qui a servi comme de type et de modèle dans les siècles suivants ;

3°. Enfin la décadence commence au VIIe. siècle et s'accroît encore vers la fin du Xe., précisément au moment où l'art roman reprend une vigueur jusqu'alors inconnue dans l'Occident : l'art byzantin décline en faisant des efforts inimaginables dans l'ornementation de ses édifices; mais son esprit était mort, il ne lui restait qu'à décorer un tombeau. Cette époque est caractérisée par une variété d'ornementation véritablement fantastique : ce ne sont que festons, losanges, cordons, enroulements, entrelacs, imitation de galons et de broderies très-souvent dessinés par l'imagination la plus riche, mais aussi la plus capricieuse.

L'art byzantin a porté son influence d'abord sur l'art arabe dès les VIIe. et VIIIe. siècles, et ensuite il s'est répandu peu à peu dans l'Occident, en Italie et jusque dans le midi et le centre de la France, dans les XIe. et XIIe. siècles.

Le plus souvent, les emprunts faits par l'Occident se bornent à l'ornementation des baies des portes et à la coupole que les artistes italiens ont transformée plus tard en dôme. Le plan primitif des églises d'Occident n'a jamais pu être directement influencé par celui de Byzance : l'ornementation seule y joue un rôle plus ou moins important ; c'est donc l'habit qui a été emprunté et non le corps, et cette observation est très-essentielle pour faire discerner ce qui est roman de ce qui est byzantin dans les églises de l'Occident.

On peut représenter l'art byzantin, d'un seul coup-d'œil, par un dessin disposé ainsi :

Au centre, l'intérieur du temple de la Sagesse divine ; sur les côtés, colonnettes engagées, accouplées et reliées par des arcades avec des archivoltes ornées de festons, galons, broderies, tout ce que l'imagination peut enfanter.

Deux colonnes, avec chapiteaux cubiques très-ornés formant le cadre. Entre les colonnes, débris de bases et de chapiteaux historiés et peints ; entrelacs et feuillages variés à l'infini.

Au-dessous de St^e^.-Sophie, son plan horizontal déroulé en perspective.

Au bas du dessin, au milieu, une croix rayonnante.

Avec une inscription néo-grecque :

HOC SIGNO VINCES.

Les Arabes

Peuple nouvellement sorti du désert, les Arabes ne pouvaient en rapporter un art très-perfectionné : ils empruntèrent donc à leurs voisins de Byzance non-seulement l'art, mais encore les artistes.

Cette imitation byzantine a été conservée dans l'ensemble, surtout dans la coupole que les Arabes placent partout, mais les détails de l'ornementation ont été considérablement modifiés ; les minarets des mosquées ont donné à ces édifices un caractère qui n'appartient qu'à l'art arabe, et la loi de Mahomet, en défendant la représentation de la figure humaine, a fait imaginer un style tout particulier d'ornementation de festons, de dentelures, de découpures et de fleurs, qui a fini par créer un art aussi original que varié.

Cet art n'a rien de la sublime simplicité de l'art grec antique : il aurait plutôt quelque légère ressemblance avec celui des Chinois ; il n'a rien de grand et de noble en lui-même ; il n'est cependant pas dépourvu d'agrément, de goût, et surtout d'invention. C'est par les détails que l'art arabe brille, comme les facettes de la pierre précieuse, et non par la disposition savante de l'ossature et de l'équilibre des édifices.

Les Turcs modernes, en succédant à l'Empire grec et en empruntant les mœurs arabes, n'ont presque rien ajouté à l'art ; ils bâtissent, en général, en bois qu'ils recouvrent des couleurs les plus éclatantes et qu'ils ornent de festons, de découpures et de dentelures. Leurs kiosques ont quelque ressemblance avec ceux des Chinois : la différence consiste seulement dans les courbures et le dessin ; le reste est à peu près de même : du bois peint et de riches étoffes. Voilà toute cette magnificence orientale tant vantée par les voyageurs, qui ne voient les objets qu'à travers une forte loupe.

On peut représenter l'art arabe, d'un seul coup-d'œil, par un dessin disposé ainsi :

Au centre et au lointain, les pyramides d'Égypte, la coupole de St[e].-Sophie et des palmiers; sur le second plan, la kaaba à l'orient, surmontée du croissant de la lune; des tentes et une caravane avec des chameaux se dirigeant vers La Mecque.

Pour encadrer ces détails, l'intérieur d'une mosquée d'un côté, et l'intérieur d'une cour de palais avec des portiques richement ornés (1), de l'autre côté. Un minaret de chaque côté pour cadre.

Au bas du dessin, au milieu, une vache ou un chameau.

Avec une inscription, en caractères arabes, extraite du Koran : Notre croyance est la même que celle de Jésus et des prophètes.

L'art roman.

L'art roman n'est pas autre chose que la décadence de l'art antique; il s'en va toujours déclinant au milieu de l'invasion des barbares, depuis Constantin jusqu'à Charlemagne, où il paraît un moment vouloir se relever en se rapprochant des modèles de l'antiquité.

Charlemagne a été un météore lumineux qui n'a fait que passer sur l'Europe; il a constitué l'unité politique et religieuse; mais il n'a pas assez vécu, et à sa mort, tout est rentré dans l'ombre et la division. L'art, qui ne faisait que commencer à prendre un nouvel essor avec l'avènement du grand empereur, mourut avec lui. Cette époque a vu s'élever la cathédrale d'Aix-la-Chapelle, dont la forme octogonale du plan était une rénovation probablement introduite en Occident par les artistes grecs de Byzance.

L'art roman n'éleva d'abord que de modestes basiliques, imitées de celles où les Romains rendaient la justice et qui étaient couvertes par une simple charpente qui n'était même pas cachée aux regards. Tant qu'on eut sous la main des colonnes antiques, si commodes pour élever promptement ces basiliques, on les employa généralement à cet usage; lorsque les ruines des monu-

(1) Alhambra, cour des Lions, la porte du Jugement.

ments antiques qui servaient de carrières furent à peu près épuisées, on remplaça les colonnes par de lourds piliers avec des saillies ; les murs, toujours percés d'arcades des deux côtés, et à deux étages, furent alors réunis par une voûte en berceau, renforcée par des arcs-doubleaux formant la continuation des saillies des piliers. Plus tard, ces saillies s'arrondirent et devinrent des espèces de colonnes coiffées de chapiteaux fort lourds, qu'on a appelés cubiques, et qui se surchargèrent d'ornements variés, analogues à ceux de Byzance ; néanmoins, cette imitation était encore fort incomplète et ne s'est guère généralement introduite en Occident qu'après l'an 1000, où l'art prit un nouvel essor.

On peut représenter l'art roman de la première époque, d'un seul coup-d'œil, par un dessin disposé ainsi :

Au centre, l'intérieur d'une église avec bas-côtés en arcade portés par de lourds piliers. Les piliers renforcés par des demi-colonnes avec des chapiteaux cubiques historiés, d'un dessin bizarre et très-incorrect ; voûte en berceau, plein-cintre avec arcs-doubleaux devant chacun des piliers et les réunissant.

Sur chaque côté, une grosse tour carrée, lourde et écrasée, avec de petites ouvertures cintrées, accolées, souvent séparées par une colonnette ; les cintres ornés d'une archivolte à festons, losanges ou en damier, et quelquefois des machicoulis placés sous la toiture des tours.

Au bas du dessin, au milieu, un calice simple ou orné.

Avec une inscription romane en caractères de cette époque.

L'art romano-byzantin.

A partir de l'an 1000, tout change en Occident : l'influence byzantine se fait beaucoup plus sentir que par le passé, mais cependant encore avec beaucoup plus de réserve et de sobriété qu'on ne le croit généralement. Sauf l'imitation de la coupole, des baies, des portes et de quelques ornements, l'art roman persiste à rester lui-même dans toutes ses dispositions principales. Les moines, les abbés, les évêques, étaient les seuls architectes de cette époque ; trop fortement attachés aux traditions latines, ils ne changent pas le style, ils se bornent à le modifier en diminuant sa lourdeur. Dès le commencement du XIe. siècle, les piliers s'élèvent, les formes et les proportions se perfectionnent, comme on le voit dans St.-Sernin de Toulouse (1097). L'élancement avec le plein-cintre est arrivé à son terme dans cette église : on ne peut désormais l'augmenter qu'en faisant usage de l'ogive, qui va naturellement surgir partout et créer un nouvel art avec des architectes laïques.

Dès le XIe. siècle, il s'élève déjà des monuments magnifiques en France, comme St.-Étienne de Caen (1066), l'Abbaye-aux-Dames (1077), St.-Nicolas (1070), la grande et belle nef du Mans, celle de Bordeaux, et enfin la cathédrale de Noyon, qui déjà fait pressentir l'art du XIIIe. siècle qui s'est peu à peu formé pendant le XIIe.

On peut représenter l'art qu'on a appelé romano-byzantin, d'un seul coup-d'œil, par un dessin disposé ainsi :

Au centre, l'intérieur de la grande nef du Mans ou l'intérieur de Notre-Dame de Noyon, avec une tour du XIIe. siècle de chaque côté pour encadrer le tableau.

Entre ces tours, en premier plan, des détails du portail du Mans, des chapiteaux à crochets qui n'ont presque plus rien de byzantin.

Au bas du dessin, au milieu, un encensoir orné.

Avec une inscription latine en caractères du XIIe. siècle.

L'art ogivique.

Nous arrivons enfin au XIIIe. siècle : tout s'élance avec légèreté vers le ciel; la ligne horizontale disparaît; la ligne verticale est seule visible et l'ogive, dont l'usage a commencé à se répandre si timidement au milieu du XIIe. siècle, se montre, au XIIIe., exclusivement partout. L'élancement a fait rejeter le plein-cintre, qui ne pouvait plus s'harmoniser avec d'aussi grandes hauteurs, et cette idée si simple et si naturelle est venue à l'esprit de tous les bâtisseurs à la fois. En Allemagne, en France, en Angleterre, partout l'ogive fait son apparition en même temps; partout elle naît de la même pensée, de l'élévation des édifices, de l'exaltation des hauteurs, et sort du compas de tous les artistes instinctivement. Voilà l'origine de l'ogive. Le même doute d'origine pourra s'élever dans la suite pour les chemins de fer, dont l'idée première n'appartient pas en propre à un individu, parce que cette idée n'a pu se réaliser que par le perfectionnement graduel et pratique qui appartient à tout le monde.

Cet art, tout nouveau dans son ensemble, ne l'est pas moins dans ses détails : les murs dentelés sont couverts de vitraux coloriés qui, en tempérant la trop grande clarté, réfléchissent les saints et les anges dans le temple de la prière. Tout est magique et mystérieux comme la religion même dans cet art qui n'a plus aucune espèce de rapport avec celui de l'antiquité, ni même avec celui de Byzance, et bien moins encore avec celui des Arabes. Cet art ne vient pas de l'Orient : il commença d'abord à paraître en France et presque dans le même temps en Allemagne et en Angleterre. C'est vers le milieu du XIIe. siècle, et plus exactement de 1130 à 1140, que l'esprit de ce nouvel art commence à se dessiner, pour finir malheureusement au XVIe., après avoir brillé d'un éclat sans pareil dans toute l'Europe catholique, qui, avant comme après, n'a jamais vu de semblables monuments s'élever sur son sol. Cet art est donc également national en France, en Allemagne et en Angleterre, et la renaissance italienne, jointe au schisme de Luther, a pu seulement le faire oublier. Mais la véritable renaissance, celle qui doit réunir au lieu de celle qui a divisé les esprits, arrive, et l'art européen ressuscitera avec une nouvelle gloire.

On a classé l'art ogivique en trois époques qui ont pour caractères distincts, savoir :

XIIIe. siècle. C'est la plus belle époque, c'est l'art le plus pur, le plus élancé et le plus religieux ; les cathédrales d'Amiens, de Reims, de Bourges, de Chartres, de Strasbourg, etc., sont de cette glorieuse époque où toute l'Europe a été couverte de ces admirables monuments.

XIVe. siècle. Le zèle religieux se refroidit ; les dissensions et les guerres de ce siècle paralysent les travaux ; on continue avec effort tout ce qui a été entrepris avec tant d'enthousiasme dans le siècle précédent ; l'ornementation commence à se compliquer, surtout dans les dentelures et les découpures à jour ; les courbes commencent à onduler comme des flammes, aussi les archéologues ont-ils nommé ce style flamboyant, pour le distinguer de celui du XIIIe. siècle, qu'ils ont appelé style à lancette.

XVe. siècle. L'ornementation continue à se tourmenter et à se compliquer : tout se couvre de plantes grasses, de feuilles et de fleurs indigènes. Les moulures convexes, déjà diminuées dans le siècle précédent, deviennent de plus en plus rares et sont partout remplacées par des moulures concaves ; les voûtes et les arcs s'abaissent, la nature des courbes se modifie, les doubles courbures à sens inverse se multiplient, et l'élancement général devient peu à peu moins sensible ; enfin, on ne voit plus que des feuilles et des fleurs d'ornement aiguës et frisées, des clefs de voûte, pendantes comme des stalactites, et des découpures de pierre parfaitement taillées et ciselées : aussi a-t-on donné le nom de style fleuri à la fin de cette époque, nom qu'il a conservé jusqu'au milieu du XVIe. siècle et même un peu plus tard en France.

Cet art est encore fort beau, mais on sent que son charme n'est plus que dans la variété de ses détails ; l'art en lui-même est arrêté, tout fait pressentir sa chute prochaine, et l'Italie nous envoie ses artistes pour la hâter encore !

On peut représenter l'art ogivique de ces trois époques, d'un seul coup-d'œil, par trois dessins disposés ainsi :

1°. Au centre, l'intérieur de la cathédrale d'Amiens ; sur un côté, l'une des tours du portail de Reims ; sur l'autre côté, le Munster de Strasbourg. — Entre les tours, en premier plan, ornements divers, découpures à jour, chapiteaux, etc.

Au bas du dessin, au milieu, l'encensoir de Théophile.

Avec une inscription en caractères ogiviques du XIIIe. siècle.

2°. Au centre, l'intérieur de l'église abbatiale de St.-Ouen de Rouen ; sur chaque côté, formant cadre, une tour ornée, du

XVe. siècle. Divers ornements et moulures sur le premier plan.

Au bas du dessin, au milieu, une châsse très-ornée.

Avec une inscription en caractères ogiviques du XVe. siècle.

3°. Au centre, le chœur de St^{e}.-Cécile d'Albi, ou le portail méridional de Beauvais ; sur chaque côté, formant cadre, une tour très-ornée, du commencement du XVIe. siècle.

Entre les tours, détail de la chapelle de St.-Louis dans la cathédrale de St.-Jean de Lyon.

Au bas du dessin, au milieu, un reliquaire en orfèvrerie.

Avec une inscription en caractères ornés de la chapelle de St.-Louis, à Lyon.

La transition italienne.

L'Italie ne put s'empêcher de suivre le mouvement artistique du XIIIe. siècle, elle employa aussi l'ogive, et cependant tous ses édifices conservèrent un cachet horizontal dont ils ne purent jamais entièrement s'affranchir ; jamais aussi ils ne s'élancèrent hardiment vers le ciel comme ceux élevés dans le nord occidental de l'Europe; c'est encore là une des preuves de l'origine de cette architecture verticale qui, d'ailleurs, était tout-à-fait inconnue à la fin du XIIe. siècle dans l'Orient.

St^{e}.-Marie-des-Fleurs, commencée au XIIIe. siècle par le célèbre Arnolfo, dit Lapo, a justement ce caractère horizontal ; il est moins sensible au dôme de Milan, qui n'est pourtant pas encore le véritable art ogivique, car l'esprit de la Renaissance le domine. L'Italie a toujours persisté à conserver les traditions romaines : aussi ne voit-on à Rome qu'une seule église ogivique, la Minerva. La vue des magnifiques ruines païennes a peut-être été la véritable cause de cet attachement au style antique, dont la Rome chrétienne n'a jamais pu entièrement se détacher.

L'époque de la Renaissance commence en Italie un siècle plus tôt qu'en France ; elle s'annonce pompeusement par la coupole ou plutôt par le dôme de St^{e}.-Marie-des-Fleurs, construit, de 1425 à 1444, par Bruneleschi, et, depuis cette époque, tous ses édifices ont été des imitations, plus ou moins heureuses ou malheureuses, des monuments antiques.

La transition italienne élève des campanilles et substitue le dôme élancé à la coupole byzantine aplatie ; voilà son caractère principal ; et dès ce moment un style nouveau se manifeste à Florence sous l'influence des Médicis : l'art véritablement chrétien disparaît et cède la place à l'art païen ; nous verrons plus tard que le génie de l'art s'est mis en parfaite harmonie avec le génie de la politique des Médicis. La transition italienne se fait sentir plus fortement à Florence que partout ailleurs ; l'imitation de l'antique est plus rapprochée, plus exacte ; les saillies ont peu de relief et beaucoup de légèreté ; quelques découpures et dentelures sont néanmoins conservées du vieil art et produisent toujours un effet gracieux. Voilà ce qu'on a appelé le style florentin ; dans l'ensemble, c'est la création des campanilles et du dôme qui depuis a joué le principal rôle dans la construction des églises ; dans les détails, c'est la résurrection des ornements de l'antiquité païenne.

On peut représenter l'art de la transition italienne, d'un seul coup-d'œil, par un dessin disposé ainsi :

Au centre, l'intérieur de Ste.-Marie-des-Fleurs, surmonté du dôme de Bruneleschi ; sur les côtés, deux angles de façade de palais florentins.

Deux colonnes imitées de l'antique pour cadre : l'une d'ordre dorique et l'autre d'ordre corinthien. Entre ces colonnes, divers ornements de transition : corniches, bandeaux, archivoltes, chapiteaux, découpures et dentelures.

Au bas du dessin, au milieu, comme cachet, une rosace antique.

Au bas, une inscription en caractères italiens de cette époque.

La Renaissance.

Saint-Pierre de Rome.

La Renaissance se résume en Italie dans tout son éclat, par ce vaste monument sans pareil dans le monde, et dont on a tant exalté les beautés sans parler des défauts : l'admirable harmonie de ses détails ne peut cependant faire disparaître la mauvaise disposition de l'ensemble, qui a entraîné dans des dépenses énormes qui ont absorbé les ressources de la chrétienté.

Merveille universelle du monde chrétien, comme centre, unité et phare du salut des peuples, qui sera admirée dans tous les siècles des siècles comme la mère spirituelle de toutes les églises, mais non comme la mère temporelle que l'on a trop matériellement copiée pendant trois siècles pour l'édification de toutes les églises, grandes et petites, de l'Europe entière. Cette imitation trop matérielle a été, en effet, la cause de dépenses superflues qui ont trop souvent privé du nécessaire; et c'est ainsi que l'abus des richesses conduit à la ruine, lorsqu'on ne tient aucun compte des principes d'une sage et sévère économie.

La Renaissance du XVIe. siecle se manifesta dans toute sa magnificence dans St.-Pierre de Rome et peut être ainsi représentée, d'un seul coup-d'œil, par son élévation, la place et la colonnade.

Pour encadrer le tableau rigoureusement dessiné, on pourrait placer le candélabre de Raphaël d'un côté et celui de Michel-Ange de l'autre côté, ou mieux encore les colonnes torses du baldaquin du maître-autel de St.-Pierre.

Au bas du dessin, au milieu, l'ostensoir avec l'hostie rayonnante, la croix, la triple couronne pontificale et les clefs de saint Pierre.

Avec une inscription latine en caractères du temps :

SIT NOMEN DOMINI BENEDICTUM.

La Renaissance en France.

Malgré tous les efforts de François Ier. pour introduire en France la renaissance italienne, il ne put y parvenir que très-tard. Il fit venir des artistes d'Italie justement à une époque où nous avions une légion de tailleurs d'images et de figurines, dont l'un des derniers, Jean Goujon, a jeté le plus noble éclat sur l'ornementation des édifices aussi variés que gracieux de ce temps. Le nouvel art italien ne put tuer immédiatement notre art national, si ingénieux et si français: force lui fut d'attendre que tous les artistes qui le réfléchissaient si bien fussent morts, ce qui arriva à peu près vers le règne éphémère de Henri II. Mais, avant de mourir, ils laissèrent une foule de détails (dans tous nos châteaux royaux) qui sont autant de bijoux ciselés avec un goût exquis. Ces artistes imprimèrent un cachet inimitable à cette époque de transition, où l'art du XVe. siècle se mariait si bien avec celui de l'antiquité; néanmoins, le génie français domine presque exclusivement dans cet art jusqu'au milieu du XVIe. siècle; car l'imitation de l'antique, dont la forme était encore si peu connue, n'en est véritablement que l'accessoire. Cet art est tout français; il réunit la finesse à la rondeur dans le dessin et le modelé, et, s'il pèche par quelque chose, c'est par la surabondance de végétation; le goût n'est pas toujours bien sûr ni assez sévère : il se permet quelques écarts d'imagination; mais l'esprit et la grâce ne lui manquent jamais : libre, indépendant, ingénieux, original, il réfléchit parfaitement l'esprit français qui l'a produit; il est net et franc comme lui.

On peut représenter cet art, d'un seul coup-d'œil, par un dessin disposé ainsi :

Au centre, l'arc de Gaillon formant l'entrée d'une cour; au fond de la cour, un manoir très-orné, et sur les côtés, pour encadrer le tableau, des caryatides de Jean Goujon et des contreforts d'église ornés de médaillons, d'images, de losanges et de rosaces; de fines arabesques, des dentelures et des découpures.

Entre ces contreforts, les outils usés et brisés des tailleurs d'images, avec un sablier renversé.

Au bas du dessin, au milieu, un médaillon, avec le buste de Jean Goujon couronné d'immortelles.

Avec cette inscription française, en caractères de ce temps :

TOUT EST PERDU, FORS L'HONNEUR.

L'art moderne en France.

A partir de Henri III, les guerres de religion redoublent; l'art se paralyse et meurt ; les fils des tailleurs d'images deviennent des soudards ligueurs ou huguenots, et, sous Henri IV, la Renaissance antique est accomplie, on ne sait pourquoi ni comment.

De cette époque, d'ailleurs si glorieuse, jusqu'à nos jours, on peut classer l'art moderne en six périodes qu'il suffit d'indiquer sommairement. Les édifices qui les réfléchissent frappent partout nos yeux ; mais, afin de pouvoir les comparer, on peut en présenter six dessins, disposés comme il suit :

1°. *Sous Henri IV et sous Louis XIII.*

Le caractère principal de cette période consiste dans l'économie et la régularité extérieure des bâtiments, qui sont encadrés de pilastres en pierre de taille, unis, cannelés ou rustiqués, avec les remplissages en maçonnerie de brique en évidence. Par exception, l'achèvement de l'église si originale de St.-Eustache est de cette époque.

La vue des trois côtés de la place Royale, à Paris, avec les grilles et la statue équestre de Louis XIII.

Au lointain, la vue du Val-de-Grâce.

Deux colonnes imitées de l'antique pour cadre : l'une d'ordre toscan, l'autre d'ordre dorique romain, mais non celui de Marcellus qui n'a été employé que plus tard.

Avec une inscription en caractères du temps.

2°. *Sous Louis XIV.*

La grandeur et la magnificence forment le caractère distinctif de ce grand siècle, mais il ne se réfléchit pas aussi directement qu'on devait s'y attendre sur son architecture. L'art fait néanmoins de grands progrès, et les détails s'harmonisent parfaitement avec l'ensemble des édifices qui s'élèvent de toutes parts. Les ordres sont en général placés en relief et engagés dans les murs, et le palais de Versailles, où l'on compte par milliers les pilastres et les colonnes, n'a pas une seule colonnade, ni même une entrée principale qui soit en rapport avec cet immense palais. Et cependant plus d'un milliard de dépenses a été englouti à Versailles !!!

Le premier exemple de colonnes isolées pour former des portiques se voit à la grande façade du Louvre, et c'est un médecin, Claude Perrault, qui l'a élevée.

On peut représenter l'art du grand siècle par la vue générale du palais de Versailles, du côté des jardins, avec le parterre fleuri en perspective, sur le devant, et l'une des plus belles pièces d'eau jaillissante, qui ont fait l'admiration de l'Europe entière.

Au lointain, comme souvenir d'une grande et belle idée du grand Roi, le dôme des Invalides.

Deux colonnes imitées de l'antique pour former le cadre, l'un d'ordre corinthien, l'autre d'ordre composite ; avec le soleil de Louis-le-Grand.

Et l'inscription monumentale :

NEC PLURIBUS IMPAR.

3°. *Sous Louis XV et sous Louis XVI.*

L'abaissement des mœurs produit l'abaissement de l'art ; les formes se compliquent et se tourmentent, les courbes deviennent mixtilignes et maniérées : ce ne sont que ressauts et guirlandes supportant des amours et des oiseaux ; en un mot, le plus mauvais goût avec le plus grand luxe. Tout sent l'apprêt, le fard et la poudre parfumée dans ce siècle musqué, brodé sur toutes les coutures et pailleté d'or jusque sur les culottes de soie des courtisans.

Au milieu de ce luxe effréné, et peut-être à cause de lui seul, les mœurs se dégradent et l'art se meurt. Cette époque élève néanmoins un grand nombre d'hôtels somptueux et de petites maisons, de l'élégance la plus recherchée : l'argent des nouveaux parvenus, si facilement gagné, se dépense de même dans les fêtes, les festins et l'Opéra.

La construction et l'ornementation des églises se dégradent plus que jamais, et la dépravation des mœurs et du goût s'introduit jusque sur l'autel. Les portails des églises se ressemblent tous par leur disposition et leur lourdeur; les ordres d'architecture y sont toujours placés en relief sur des murs, accolés et superposés à deux et même trois étages, lorsque l'intérieur n'en a qu'un seul; et le portail de St.-Gervais est vanté par le célèbre Voltaire comme une merveille de ce temps.

Pour représenter l'art de ce long siècle, qui a tout perdu et tout corrompu, nous disposerons un dessin ainsi :

Au centre, le portail de l'église St.-Gervais, surmonté d'un fronton circulaire, avec un amortissement sur les côtés par de belles courbes volutées en ovale pour l'accompagner.

Sur l'un des côtés, un hôtel vu en perspective; et, sur l'autre côté parallèle, une porte cochère très-ornée, surmontée de divinités et d'amours.

Au lointain, le plus bel édifice de ce temps, le dôme de Ste.-Geneviève, dernière réminiscence de St.-Pierre de Rome.

Pour cadre, deux colonnes défigurées de l'antique, renflées au tiers, ébrasées, annelées, cannelées sur les deux tiers et diversement ornées, l'une d'ordre dorique riche, et l'autre d'ordre corinthien surchargé de guirlandes et d'amours boursoufflés.

Entre ces colonnes, masques et mascarons, décors intérieurs, boiseries et courbes maniérées et tourmentées du plus mauvais goût.

Avec une inscription en caractères du temps.

4°. *Sous la République.*

Les abus duraient depuis trop long-temps, le châtiment de tant de fautes arriva; il commença par la plus pure et la plus noble des victimes : le roi et sa famille furent sacrifiés à l'hydre révolutionnaire par une société en délire, et un fleuve de sang déborda sur la malheureuse France.

L'art mourut à l'instant..... Dans ces saturnales révolutionnaires, tout paraît prendre modèle sur l'antiquité républicaine : hommes et choses, noms et costumes, tout a l'apparence d'être grec et romain, et rien cependant n'y ressemble moins.

Comme on a tout abattu et rien édifié dans cette déplorable époque, on pourra dessiner les ruines d'une église gothique à moitié démolie, les vases sacrés profanés, les tombeaux ouverts et les ossements épars au milieu des décombres.

Au lointain, la tour de Bélus qui reparaît, et, sur le devant du tableau, une émeute populaire demandant la liberté dont elle abuse, et du pain dont elle a besoin.

Avec une inscription de ce temps.

5°. *Sous l'Empire et la Restauration.*

La gloire impériale rejaillit naturellement sur l'art comme sur toutes les institutions nationales, qui furent améliorées et conservées. Le temple de la Gloire, l'arc-de-triomphe de l'Étoile, le palais du roi de Rome, la Bourse, le palais des relations extérieures, l'achèvement du Louvre et la rue de Rivoli, etc., furent projetés et commencés ; mais les guerres continuelles en arrêtèrent forcément l'exécution.

La Restauration continua et termina à peu près les monuments de l'Empire, moins le Louvre ; mais, sous l'un et l'autre règne, le style classique de nos professeurs fit de vains efforts pour adapter les formes de l'art antique avec les exigences et les usages modernes.

Pour représenter l'art de cette époque d'un seul coup-d'œil, nous placerons au centre du dessin, la Madeleine ; sur l'un des côtés, en perspective, le palais des relations extérieures, et, sur l'autre côté, la Bourse de Paris.

Deux colonnes d'ordre corinthien formeront le cadre : l'une rigoureusement dessinée d'après celles de la Madeleine ou de la Bourse, et l'autre d'après celles du palais du Corps législatif.

Avec une inscription monumentale.

6°. *Sous le règne de Louis-Philippe.*

Que dire de l'éclectisme officiel qui règne en toutes choses ?... Nous sommes dans une transition vague, indécise, d'où l'on ne sait comment sortir. Tous les efforts, quoique nombreux, sont impuissants, parce qu'ils sont isolés, pour approprier le style antérieur au XVIe. siècle à nos monuments ; et cependant, malgré le goût national et les idées qui se portent vers l'art du moyen-âge, le gouvernement ne fait élever que des édifices rigoureusement calqués sur ceux des Romains. Cela peut-il durer ?

Malgré les efforts d'un roi artiste, rien de grand n'a pu encore être édifié dans l'art ni dans les institutions nationales. Le roi a fait restaurer tous les vieux châteaux royaux et créé le musée de Versailles, grande et magnifique idée qui ne pèche, comme toutes les œuvres de cette époque éclectique, que par le manque d'unité dans l'exécution : il s'agit de gloire nationale et historique, et l'ordre chronologique n'est pas même observé dans cette immense collection.

La restauration des vieux châteaux royaux et le musée de Versailles ne pouvant être représentés par un dessin, nous dessinerons, comme spécimen, le plan d'une église ogivique, savoir :

Au centre, l'intérieur de Notre-Dame-des-Arts, avec une tour ornée de chaque côté et le plan, déroulé en perspective au-dessous, avec cette inscription :

RÉTABLISSEMENT DE L'ART NATIONAL
ANTÉRIEUR AU XVIe. SIÈCLE
APPROPRIÉ AUX MŒURS ET AUX BESOINS ACTUELS
A L'AIDE DES PROGRÈS MATÉRIELS DES ARTS ET DES SCIENCES.

Par cette exposition sommaire, qui ne présente que le squelette de cet ouvrage, on voit néanmoins que vingt-une feuilles de dessin suffiraient pour donner une idée exacte de l'art de tous les peuples, depuis l'antiquité la plus reculée jusqu'à nos jours.

On devrait proposer des prix pour la composition et la gravure à l'*aqua-tinta*, de ces vingt-un dessins, afin qu'ils fussent tous exécutés d'une manière identique pour rendre les comparaisons plus exactes (1).

Nous pensons que ces dessins donneraient une idée plus nette et feraient bien mieux comprendre l'art et ses transformations successives, que la multitude de plans épars dans tant d'ouvrages qu'on ne peut d'ailleurs avoir tous sous la main, et qui n'ont jamais été réunis ni coordonnés entr'eux pour en faire saisir les rapports et l'esprit.

On pourrait ensuite joindre à ces dessins les détails les plus importants de chaque style, ainsi que les plans des édifices dessinés sur la même échelle, en se rapportant aux détails avec les dates exactes de leur construction; c'est ainsi qu'avec une quantité assez limitée de dessins, il serait possible de représenter l'art de tous les peuples.

Ce tableau de l'art serait fort utile, non-seulement aux artistes et aux savants, mais encore aux historiens, aux voyageurs et aux écrivains de tous les genres littéraires, même

(1) La perspective devra être rigoureusement déduite des dessins géométraux construits sur la même échelle, afin de mieux comparer la grandeur relative des monuments. L'ornementation sera imitée dans ses défauts comme dans ses qualités: sèche et raide dans la haute antiquité, moëlleuse et correcte dans l'art grec, elle se dégradera peu à peu lors de la décadence; puis elle prendra graduellement l'esprit chrétien qui doit dominer sa forme, toujours naïve et souvent incorrecte, en suivant le génie des peuples et des époques jusqu'à la renaissance du XVIe. siècle. Il faut que les artistes soient bien pénétrés de ces divers caractères, et qu'ils ne dessinent pas à la manière moderne l'art de la plus haute antiquité ou celui du moyen-âge. Le tour du crayon doit changer avec le génie inhérent à chaque peuple et à chaque époque. Certes, c'est là une très-grande difficulté à vaincre, et nous ne voulons pas la déguiser: il n'appartient qu'à un grand artiste de la surmonter par l'étude et la persévérance la plus opiniâtre; il n'a qu'à vouloir pour pouvoir, car sans cette volonté et cette faculté de sentiment il ne serait pas artiste, il serait seulement calligraphe.

du roman, où l'on rencontre trop souvent des anachronismes et des erreurs de description qui ne satisferont pas les lecteurs instruits, et qui sèment des erreurs dans l'esprit de ceux qui ne le sont pas.

CHAPITRE IV.

L'ART GREC.

Les Grecs, avec leur brillante imagination, leur goût si exquis, si pur, et leur noble et simple architecture, ont surpassé tous les peuples anciens.

L'enfance de l'art, chez tous les peuples, ressemble à ces figures raides que les enfants charbonnent sur les murs : c'est d'abord une gravure ou entaille qui ne fait que suivre les traits dessinés sur la pierre ; puis un relief plat qui s'arrondit ensuite peu à peu, jusqu'à ce qu'il devienne un bas-relief véritable.

Il y a cependant fort loin de ces essais graduels aux admirables hauts-reliefs ou en ronde-bosse du Parthenon, dont les figures sortent des murs et font l'effet de ne pas y être attachées : leur saillie, quelquefois entière, explique l'état d'avancement de la statuaire ; et, en effet, Athènes était déjà peuplée de statues admirables lorsque l'ornementation de ses édifices fut portée au point le plus élevé qu'il soit possible d'atteindre. Il a fallu, sans doute, plusieurs siècles pour arriver à ce progrès ; néanmoins, avec le génie des Grecs, l'art a dû avancer très-rapidement, et la lourdeur égyptienne s'est assez vite transformée en légèreté corinthienne.

L'art grec, comme tous les autres, a eu ses commencements indécis, ses progrès, et enfin sa décadence, qui arriva avec les dissensions civiles, qui amenèrent les guerres et la conquête de la Grèce par les Romains. De ce moment, l'art grec fut en décadence et l'art romain en progrès ; les vainqueurs portèrent à Rome les dépouilles des plus beaux monuments, et ils emprunterent ainsi l'art et même les artistes du peuple vaincu.

Dans le principe, l'art grec imite d'abord les Phéniciens, en ne bâtissant qu'en bois; puis les Égyptiens, en élevant de lourdes colonnes en pierre; les architraves restèrent encore long-temps en bois; elles étaient surmontées de poutres ou de solives transversales et d'un comble incliné pour l'écoulement des eaux pluviales des deux côtés. Cette disposition, toute naturelle, n'est pas particulière aux Grecs : tous les peuples qui ont bâti en bois l'ont également employée, et n'en ont pas pour cela déduit un système d'architecture perfectionné comme celui des Grecs; c'est donc un contre-sens que d'attribuer l'invention de cette belle architecture à l'imitation d'une cabane, comme nous l'expliquerons bientôt; car, partout il y a eu des cabanes, et nulle part il n'y a eu de monuments comparables à ceux de la Grèce.

Voilà cependant le point de départ de l'architecture de ce peuple, si heureusement organisé et si ingénieux que, même en copiant les autres, il eut l'art tout particulier de créer et d'arriver très-promptement à élever des temples en marbre d'une beauté et d'une simplicité irréprochables. Dans son adolescence, il sut s'emparer sans effort et sans peine de toutes les beautés naturelles les plus gracieuses, et dès lors l'art devint dans ses mains entièrement national. Il ne conserva aucune ressemblance avec celui des autres peuples : le peu d'art phénicien, d'abord emprunté, fut bien vite oublié, et celui des Égyptiens fut surpassé, non en grandeur grave et austère, mais en grâce, en légèreté, en harmonie, qui se répandit partout, jusque dans les plus minutieux détails de l'ornementation et de la statuaire, dont l'exactitude et la beauté matérielle des formes n'ont jamais pu être atteintes par aucun autre peuple.

Malheureusement pour cet art si parfait, la beauté morale, ou l'expression esthétique, ne répond pas à la beauté matérielle ; et, si l'on excepte le groupe du Laocoon et la Vénus de Milo, presque tous les autres chefs-d'œuvre, en si grand nombre, parlent bien aux yeux et aux sens; mais ils ne disent rien à l'âme et au cœur.

Ce silence moral est désespérant : on voudrait sentir une âme dans un si beau corps ; mais ce sentiment infini dans l'amour de Dieu, qui anime toutes choses, étant inconnu des païens, les Grecs n'ont pas pu le rendre dans leurs conceptions artistiques.

Dieu aurait-il donc refusé à l'homme le pouvoir d'allier la beauté matérielle de la forme avec le sentiment religieux de l'art ? Tout, jusqu'à présent, semblerait le prouver affirmativement ; cependant, nous ne pouvons croire à cet arrêt de la Providence. Notre amour de l'art nous donne la conviction que la beauté physique peut et doit même être unie à la beauté morale dans une œuvre parfaite ; et si les modernes n'ont pas atteint cette perfection dans l'art, cela tient à ce qu'ils se sont obstinés à copier servilement la forme païenne, dont la simplicité régulière ne peut plus s'adapter aux complications exigées par nos usages actuels, sans altérer l'harmonie de l'ensemble.

Les détails de l'antiquité païenne, considérés séparément, peuvent être admirables de forme et d'exécution ; mais leur ensemble n'a pas encore produit un seul monument moderne qui satisfasse, tout à la fois, le sentiment chrétien et la beauté régulière de la forme antique. Voilà un fait certain, qui seul aurait dû suffire pour faire entrer les artistes dans une voie nouvelle, plus féconde à l'invention, au lieu de se laisser attacher, avec une lourde chaîne, à une école qui arrête leur génie, en le comprimant par des principes qui doivent nécessairement finir, tôt ou tard, avec les causes qui les ont produits.

Mais revenons à l'architecture grecque. La colonne, élément principal, nous dirons même élément unique de cet art, imitée d'abord des Égyptiens, n'eut dans le principe que quatre diamètres de hauteur ; elle fut ensuite à peu près fixée à six diamètres, et quelquefois à un peu moins, sous le nom de dorique, et fut toujours sans base. Plus tard, on imagina l'ordre ionique, avec ses enroulements de volutes, qui s'élança en légèreté entre huit et neuf diamètres ; enfin arriva l'ordre corinthien, le plus délicat, le plus élancé, le plus élégant, et que jamais aucun peuple n'a pu encore sensiblement modifier, sans en affaiblir la beauté primitive : c'est là une gloire qui n'appartient qu'aux Grecs. Cet ordre eut d'abord entre neuf et dix diamètres, un diamètre seulement de plus que l'ionique ; cependant on lui donna quelquefois jusqu'à dix diamètres et demi, et il fut presque toujours orné d'une base.

Avec ces trois ordres de colonnes et leur entablement, toujours divisé en trois parties : l'architrave, la frise et la corniche, ornées de moulures et de sculptures, du dessin le plus correct et du goût le plus pur, il a suffi d'une suite de colonnes en ligne droite, 2, 4, 6, 8, 10 et 12, reliées par leur entablement couronné d'un fronton triangulaire, dont le tympan était toujours couvert de figures allégoriques ou mythologiques, pour composer un temple parfait.

A cette disposition, si simple et si heureuse, ajoutez la beauté non moins grande des matériaux qui étaient d'énormes blocs de marbre ; les colonnes et les architraves étant presque toujours monolithes, et les surfaces polies ou mates, suivant la couleur du marbre, et qui étaient encore variées par des peintures harmonieuses pour en augmenter l'effet ; ajoutez ensuite la précision admirable de la pose de ces blocs, leur juxtaposition parfaite les uns sur les autres, au point qu'on peut à peine en distinguer les joints, et vous aurez la représentation exacte de l'architecture grecque. Elle se résume dans un temple, plus ou moins grand, entouré de portiques, dont la beauté est tout extérieure ; et quelquefois il se relie avec des colonnades accessoires, ou des propylées, comme au Parthenon d'Athènes. Rien n'est plus beau dans sa disposition ; toutes les parties et les accessoires de sculpture se font valoir les uns par les autres, et sont dans un rapport parfait d'harmonie avec l'ensemble.

Voilà l'art accompli de toute l'antiquité, qui a satisfait aux conditions des détails, en les concentrant et les fondant dans l'unité et l'harmonie de l'ensemble : voilà l'art grec.

Et c'est là cet art si merveilleux, qu'un auteur romain, et après lui tous les auteurs modernes, depuis le XVIe. siècle, ont annoncé avoir pris son modèle d'une cabane et des proportions du corps humain ! L'entablement dorique, avec ses triglyphes et ses métopes, est le premier de tous les ordres grecs, puisqu'il a donné naissance à tous les autres dans la suite : l'ordre dorique est visiblement imité dans quelques détails des constructions primitives en bois, ou, si l'on veut, de la cabane dont les savants modernes nous ont donné la description ridicule. Mais quant aux colonnes, dont les proportions et les formes seraient imitées de celles du corps humain, c'est là véritablement une idée excentrique, qui n'a pu être imaginée que dans un temps où l'on avait perdu tout sentiment de l'art ; dans un temps où la matière s'est substituée à l'esprit, et cette idée toute païenne s'est évidemment introduite dans notre société avec l'art antique de la renaissance italienne.

Voilà l'effet du culte de la matière qui a remplacé le culte de l'Esprit divin, qui seul donne la vie aux œuvres de l'art ; lorsqu'on a perdu la raison des choses divines, on est réduit à la chercher dans l'homme ; et, chose étrange ! ce n'est pas dans son esprit, mais dans les proportions et la forme matérielle de son corps. Quand l'âme s'est envolée, il ne reste plus en effet que le corps ; mais alors il n'est plus qu'un cadavre qui devient la pâture des vers.

Il faut d'ailleurs remarquer que les motifs qui ont déterminé les formes et les proportions de l'architecture grecque n'existent plus de nos jours : le peu d'étendue nécessaire aux temples des païens, où le peuple n'entrait jamais, et la simplicité des usages et des besoins des anciens, ont permis de donner une régularité parfaite, non-seulement à l'ensemble, mais encore à tous les détails qui, destinés à des usages semblables, ont dû être traités d'une manière semblable, pour satisfaire également les yeux et la raison. Voilà une des grandes causes qui ont produit une si haute perfection dans l'art grec.

On conçoit que des monuments plus vastes, beaucoup plus compliqués dans leur disposition et destinés à satisfaire des besoins plus nombreux et tout-à-fait différents, comme ceux de la civilisation actuelle, ne peuvent être composés d'après les mêmes principes.

C'est pourtant ce qu'on essaie de faire sans pouvoir y réussir depuis trois siècles; il en est résulté que l'art est tombé dans l'uniformité monotone qui lasse de suite et les yeux et l'esprit; la régularité avec la variété que nos idées actuelles réclament, ne seront évidemment jamais obtenues tant que l'on persistera à suivre les mêmes errements.

Rendons ces réflexions plus sensibles par un exemple. Comparons les sensations que nous éprouvons en faisant le tour extérieur de la Madeleine ou de la Bourse de Paris, avec celui de la cathédrale de Reims. Ces deux sensations sont fort différentes, et l'on ne peut nier que, dans le premier cas, on a tout vu, tout examiné dans un instant, tandis que, dans le second, on a vu tant de choses à la fois et tant d'effets variés de perspective, que les détails nous échappent entièrement et qu'il ne nous reste qu'un souvenir prodigieux de l'ensemble.

Remarquons que nous ne parlons, dans ce moment, que de l'effet extérieur des édifices; plus tard, nous ouvrirons la porte, nous pénétrerons dans l'intérieur et jusqu'au chœur des sanctuaires des cathédrales; alors seulement nous pourrons apprécier un art tout-à-fait inconnu des peuples de l'antiquité, parce qu'il répond à des besoins religieux qu'ils ignoraient complètement, et que cet art tout chrétien doit parler tout à la fois aux sens émerveillés et au cœur attendri.

Les mœurs des modernes diffèrent si essentiellement de celles des anciens, que le même art ne peut évidemment les reproduire. Et d'ailleurs, comment de nos jours serait-il possible de copier exactement l'art grec sans tomber dans une fausse imitation qui, loin de rendre la beauté du modèle, la défigure au contraire? Car, si la copie n'est pas exacte, l'antique perd tout-à-fait son caractère, et la copie devient alors une grimace de l'antique ou sa caricature.

Est-ce que cela n'est pas arrivé des millions de fois depuis la Renaissance? Regardez donc avec plaisir et avec le sentiment de la foi chrétienne presque toutes nos églises modernes.

Un savant helléniste a dit, avec raison, qu'une bonne copie de l'antique est encore à faire dans tous les genres; et nous ajouterons qu'il est impossible de la faire, à cause de la différence du génie des anciens avec celui des modernes. Comment ne voit-on pas que les peuples qui remontent au berceau du monde ont dû, dans leur simplicité native, être affectés d'une tout autre manière que les peuples qui ont été mélangés entr'eux plusieurs fois et qui ont usé et abusé d'une suite de civilisations successives? Toutes ces révolutions ont fait naître des besoins compliqués, entièrement inconnus des anciens, et l'art, qui ne peut que réfléchir les idées des peuples, a dû nécessairement se compliquer, dégénérer, se renouveler, pour entrer dans une nouvelle ère de progrès; puis retomber dans la décadence et suivre, en un mot, le mouvement des idées et des révolutions.

Ces transformations essentiellement variables, comme les causes qui les ont produites, devaient nécessairement avoir lieu; or, ce qui est arrivé arrivera encore, et toujours par les mêmes causes; à moins qu'on ne veuille supposer que la sagesse des peuples modernes prenne, à l'avenir, pour modèle celle des anciens Égyptiens, dont les institutions et l'art qui les réfléchissait ont eu une durée de plus de vingt siècles. Mais cette sagesse, qu'on se rassure, n'est pas à craindre avec la légèreté de notre esprit et de nos mœurs.

CHAPITRE V.

COMPARAISON DE L'ART GREC ET DE L'ART ROMAIN.

Les Romains ont rempli le monde, pendant onze cents ans, et leur architecture n'a brillé d'un vif éclat que pendant deux siècles, et seulement depuis un peu avant le règne d'Auguste, où elle a atteint sa plus grande splendeur, pour commencer aussitôt sa décadence et finir par mourir au IVe. siècle de notre ère, sous Constantin.

Les Romains, peuple rude et guerrier, ne comprirent jamais le génie des beaux-arts : ils ne les aimèrent que pour satisfaire leur luxe, leur vanité et leur gloire; tandis que les Grecs aimèrent l'art uniquement pour lui-même. Pendant six cents ans, les Romains n'eurent véritablement pas un monument à citer; ils adoptèrent d'abord l'art étrusque, peuple antérieur à eux, qui descendait des Pélasges et des anciens Grecs. Cet art étrusque était fort lourd; les derniers édifices de ce style ont disparu de Rome, depuis Auguste et Néron; mais il reste une immense quantité de vases en poterie, des reliefs, des pierres gravées et des médailles, qui peuvent faire apprécier l'art de cet ancien peuple. Les Romains lui ont emprunté la colonne toscane, qu'ils ont toujours conservée en l'harmonisant avec les autres ordres d'architecture; néanmoins, l'ordre toscan n'a pu se défaire de son caractère étrusque et n'a jamais eu l'air d'appartenir à la noble famille des ordres grecs.

Lorsque les Romains eurent fait la conquête de la Grèce, ils furent impressionnés par ses beaux monuments, et ils voulurent embellir Rome; non-seulement ils trouvèrent plus commode d'emprunter l'art, mais encore les artistes de la Grèce, et c'est seulement de cette époque que datent leurs beaux monuments.

Depuis la prise de Corinthe, ils commencèrent à transporter à Rome les statues, et plus tard les colonnes mêmes des édifices grecs; alors la ville éternelle commença à se peupler de chefs-d'œuvre, et les maîtres du monde voulurent aussi être les maîtres de l'art, et ils le furent, grâce aux Grecs.

Le règne d'Auguste fut le plus beau pour l'architecture; il se plaisait à dire: « J'ai trouvé une ville de pierre et je laisse une ville de marbre. » Cependant la décadence de l'art commence déjà à paraître au plus fort de sa splendeur, vers la fin de ce grand siècle, si fécond en grands événements et en grands hommes: on aperçoit déjà des fautes dans les constructions des plus beaux monuments, même dans le Panthéon, et, chose remarquable! à mesure que la beauté réelle de l'art disparaissait lentement, un luxe effroyable saisit la grande nation par toutes ses passions à la fois; tous ses édifices se couvrirent de dorures, de peintures, de mosaïques et d'ornements se détruisant les uns par les autres; l'on vint même à dorer certaines parties de l'extérieur et la couverture entière des édifices. Ce débordement du luxe changea brusquement ce peuple: naturellement cruel, il devint féroce, non par une politique de nécessité, comme dans les saturnales sanglantes des modernes, mais uniquement par plaisir, pour satisfaire un besoin d'émotion, ce qui est le comble de l'énormité! Alors apparaît, sur le trône des Césars, ce monstre à face humaine, qui habitait la maison dorée, et qui fit un jour incendier Rome pour se réjouir; rien ne pouvait émouvoir ce cœur de pierre; les cris déchirants des victimes étaient pour lui la seule harmonie qui remuât agréablement ses sens endurcis. Alors arrivèrent les jeux de l'Amphithéâtre, et puis les malheureux chrétiens qu'on livra aux bêtes féroces pour amuser ce peuple par des spectacles dignes de lui. — « César, ceux qui vont mourir te saluent. » — Et cent mille spectateurs applaudissaient à cette orgie abrutissante de l'espèce humaine, qui, étant devenus semblables aux bêtes, les encourageaient de la voix pour les exciter à boire le sang des victimes.

Tant d'atrocité devait être punie, tant d'orgueil devait être humilié : la main de Dieu frappa, dans sa colère, ce peuple coupable; tout tomba en dissolution, et l'art en complète décadence ne put plus réfléchir que des mœurs dégénérées; enfin, les barbares inondèrent de toutes parts l'Empire et tombèrent sur Rome, comme sur une proie, pour faire justice de tant d'iniquités.

Peuple romain, vous avez disparu de la terre; vous êtes mort comme un seul homme; c'est justice : les ruines de vos monuments sont encore debout, pour attester votre grandeur et votre chute; toute la terre est couverte de vos ruines. Dieu les conserve pour nous servir d'exemple et de leçon; sachons profiter de ces graves et profonds enseignements!

Le Panthéon, de 48 mètres de diamètre, couvert par une magnifique voûte hémisphérique en maçonnerie de blocage et béton, et qui cependant n'avait été élevé que pour former le vestibule des Thermes d'Agrippa; ce vaste amphithéâtre de Vespasien et de Titus; le Colysée pouvant contenir cent mille spectateurs, et tant d'autres monuments gigantesques montrent le génie des Romains. Les Grecs, plus simples et plus modestes, n'ont à mettre en parallèle que leurs temples peu étendus, l'Acropolis, le Parthenon, la Tour-des-Vents, l'Odéon d'Athènes, édifice elliptique couvert par les mâts des vaisseaux pris à l'ennemi ; tous ces monuments sont admirables de convenance et de goût, et sont construits avec la précision la plus parfaite. Les Romains, malgré leur prétention de descendre de Vénus, ont toujours senti la louve, leur première nourrice ; et les Grecs descendaient directement des Nymphes et des Grâces de l'Olympe.

Ne visant pas directement au sublime, les Grecs l'ont atteint, tandis que les Romains, le recherchant sans cesse, n'ont atteint que le gigantesque qui exprime parfaitement leur propre génie. Tel est le caractère distinctif de ces deux arts : l'un réfléchit la pureté du goût d'un peuple ingénieux, toujours guidé par les Grâces ; l'autre, au contraire, réfléchit la force virile d'un peuple conquérant, ivre de sa propre gloire qui a exalté son orgueilleuse puissance au plus haut degré.

L'art de ce grand peuple devait périr avec lui, rien ne put arrêter d'un seul jour sa décadence : l'empereur Adrien, ce protecteur éclairé des beaux-arts, qui fut lui-même un grand architecte, fit les plus grands efforts pour maintenir leur splendeur : l'on voyait son nom sur un grand nombre de monuments qu'il fit restaurer ; et, depuis l'an 117, il en éleva plusieurs très-importants, comme l'amphithéâtre de Nîmes, le pont du Gard, etc.

Dès que l'Empire commença à s'affaisser sous son propre poids, immédiatement l'art s'affaissa proportionnellement ; c'est en vain que les derniers empereurs, plus sages que leurs prédécesseurs, employèrent des moyens extraordinaires pour le maintenir, en élevant, vers la fin, des édifices gigantesques. Le génie national était perdu ; l'Empire tombé et devenu barbare, l'art devait tomber et devenir barbare ; le coup était porté par Celui auquel rien ne peut résister.

Les derniers empereurs ne purent qu'élever ces immenses édifices des Thermes, dont l'étendue était si considérable que deux mille personnes pouvaient s'y baigner séparément et à la fois. De ce moment, l'architecture entra dans une voie nouvelle ; la grandeur colossale des constructions fit répandre l'usage des petits moëllons cubiques, entremêlés de briques pour les maçonneries, l'emploi des arcs à toutes les ouvertures ; les voûtes en berceau, puis en arêtes, furent généralement employées et les arcades, séparées par des pilastres en relief, créèrent un genre particulier de construction qui a eu la plus grande influence sur le style du moyen-âge.

C'est ainsi que les Romains, à partir précisément de l'ère chrétienne, ont justement modifié l'art selon le génie chrétien, et son passage, ou sa transition, de la ligne horizontale à la ligne cintrée, est un fait très-remarquable qui a créé une nouvelle architecture. Les édifices du IIe. au IVe. siècle, particulièrement ceux élevés par Galien et Dioclétien, sont empreints de ce caractère, et le palais que fit bâtir Dioclétien à Salona (Spalatro), où il se retira, après son abdication en 305, présente, outre ce caractère, des particularités si remarquables, que nous devons les mentionner ici par les conséquences qu'elles ont eues plus tard sur l'art roman.

Ce palais présente tous les défauts de l'architecture de ce temps de décadence, et une surcharge d'ornements du plus mauvais goût et d'une exécution encore plus mauvaise ; il s'y trouve de petites colonnes isolées, quoique placées très-près des murs, et qui, au lieu de partir depuis le pavé, s'élèvent sur des murs à une certaine hauteur et reposent quelquefois sur des consoles en saillie. Ces colonnettes, placées entre les entrecolonnements des grandes colonnes, ne sont pas reliées par un entablement horizontal, mais par de petits arcs en plein-cintre qui reposent directement sur les chapiteaux ou sur une portion d'entablement en saillie sur le nu du mur.

Ces petites arcades, placées entre les grandes colonnes, ont été imitées dans les piliers romans et byzantins et dans les galeries supérieures, ou triforium, en usage bien plus tard dans les églises chrétiennes, et qui s'est en quelque sorte perpétué jusqu'à nos jours.

CHAPITRE VI.

RÈGLES DES CINQ ORDRES D'ARCHITECTURE.

L'art, sans des règles, ne serait pas un art proprement dit, et le commun des artistes livrés à leur seule inspiration ne produiraient que des œuvres sans caractère. Les règles sont toujours déduites des chefs-d'œuvre, ou du moins de ce que l'on prend pour des chefs-d'œuvre de l'art; on conçoit alors qu'elles ne peuvent pas le précéder, elles se fixent justement à l'époque de sa splendeur; c'est ainsi qu'elles sont filles du génie et qu'elles deviennent à leur tour mères, en produisant des monuments qui conservent et perpétuent les beaux-arts.

Les règles fixent l'art dans ses limites naturelles et empêchent les écarts trop fréquents de l'imagination; indispensables aux nombreux bâtisseurs de toutes les époques, elles sont encore très-utiles à la plupart des architectes; les grands artistes seuls pourraient, à la rigueur, s'en passer, car le génie ne connaît guère d'autres règles que celles qu'il se fait à lui-même : c'est là précisément ce qui le distingue et le rend si rare.

Les anciens n'avaient pas de règles parfaitement arrêtées: aussi les proportions de leurs ordres d'architecture varièrent beaucoup et ne se fixèrent régulièrement que sous le grand règne d'Auguste; s'ils les avaient arrêtées d'une manière aussi précise que l'ont fait les modernes, il est probable que l'art ne serait pas tombé si promptement dans la barbarie; néanmoins sa décadence était inévitable, parce qu'elle venait de la décadence des mœurs qu'il n'était au pouvoir d'aucun mortel d'arrêter.

Quant aux modernes, ils ont peut-être fixé d'une manière trop rigoureuse les proportions des ordres des anciens; leur emploi en est sans doute devenu plus commode et plus facile, mais il en est résulté une trop grande uniformité dans l'architectonique qui a enchaîné l'imagination des artistes ou qui leur a souvent fait commettre des fautes graves, lorsqu'ils ont voulu les adapter à des dispositions nécessitées par nos usages ; il en est résulté qu'ils ont été forcés de tourmenter l'art de mille manières et de lui demander plus qu'il ne pouvait donner, étant ainsi circonscrit dans des règles trop inflexibles.

Sous ce point de vue, les règles ont donc leur bon et leur mauvais côté ; néanmoins, il faut conclure de ces observations qu'elles sont indispensables pour conserver l'art et pour qu'il continue ses progrès, sans courir le danger de tomber dans le bizarre et le mauvais goût et enfin dans la barbarie, d'où l'on ne peut plus le retirer qu'avec l'assistance de la divine Providence.

En résumé, on divise, on classe, on régularise avec symétrie, pour la facilité des études et pour mieux concevoir, apprendre et retenir ; mais il importe de bien remarquer que ces divisions ne sont pas inflexibles en elles-mêmes, c'est leur esprit qu'il faut bien saisir pour faire de l'art. On doit simplement considérer les règles comme des guides nécessaires pour nous faire comprendre les motifs des détails et l'harmonie de l'ensemble ; il est toujours bien facile, par leur moyen, de composer des monuments qui soient dans des proportions convenables ; néanmoins, l'on peut et l'on doit même les modifier quelquefois dans de certaines limites que le goût indique toujours, mais seulement lorsqu'on est familiarisé de longue main avec elles : jusqu'alors il faut les suivre scrupuleusement. Malgré les licences qu'on peut se permettre, n'oublions pas que, sans les règles, il n'y aurait pas d'art proprement dit, du moins quant à son étude ; car elles sont justement là *langue ou la science de l'art*, c'est-à-dire l'*architectonique elle-même.*

Dans tous les temps et chez tous les peuples, les hommes de génie établissent les règles, les artistes et les ouvriers les suivent ; et l'art, en se perfectionnant à l'aide du concours de tous, réfléchit les idées et les mœurs nationales.

Il n'est pas sans intérêt de faire remarquer la part qu'ont prise les Grecs et les Romains à l'invention des ordres d'architecture, élément principal de l'art antique. Les Romains copièrent les Grecs et n'inventèrent qu'un seul ordre, car on ne peut appeler une invention l'ordre composite : son nom seul indique un mariage malheureux des chapiteaux ionique et corinthien, qui n'a ni la gravité de l'un ni la grâce inimitable de l'autre. L'ordre romain, qui est véritablement une belle invention, c'est le dorique employé au théâtre de Marcellus; cet ordre, qui tient justement le milieu entre les cinq, est admirable dans tous ses rapports d'harmonie.

Les Romains, comme les Grecs, ont varié les proportions de leurs ordres presque à l'infini : la multitude si considérable des colonnes antiques est fort loin d'avoir la régularité que les vignoles modernes leur feraient supposer. Le mérite des Romains est d'avoir donné les plus belles proportions au dorique de Marcellus, au corinthien du Panthéon, du temple de Jupiter tonnant et Stator, etc. : mais ces proportions n'ont pas été fixées et arrêtées définitivement par eux, comme l'ont fait les modernes.

Dès le XVIe. siècle, Palladio, Scamozy, Serlio et ensuite Vignola, ont mesuré exactement un grand nombre d'ordres antiques, qu'ils ont soumis à des règles générales, pour en fixer définitivement les proportions. Le système de Vignole a prévalu en général, surtout en France. Il consiste d'abord à diviser la hauteur totale de tous les ordres en 19 parties égales, dont 4 pour le piédestal, 12 pour la colonne et 3 pour l'entablement; de sorte que, pour les cinq ordres adoptés, le piédestal est toujours le tiers et l'entablement toujours le quart de la hauteur de la colonne proprement dite. Il prend ensuite le diamètre inférieur pour unité de mesure de tous les détails qu'il divise en deux parties appelées *module*, et chaque module est lui-même divisé en douze parties pour les deux premiers ordres, et en dix-huit parties pour les trois derniers.

Des études plus etendues et tant de fautes commises, depuis

le XVIe. siècle, ont démontré aujourd'hui qu'il serait plus rationnel de varier un peu ces rapports selon le degré de force de chaque ordre et selon l'espacement des colonnes entr'elles, qui doivent être d'autant plus resserrées, que l'ordre est plus léger et plus élevé. La conséquence de cette observation est que les entablements devraient être proportionnellement plus légers pour les ordres corinthien et ionique, et plus forts pour le toscan et le dorique grec.

En fixant la hauteur de l'entablement à deux diamètres pour tous les ordres, on obtient cette proportion relative à la force et à l'espacement des colonnes. Et, en adoptant cinq ordres de proportion différente, qui tiennent la moyenne entre le plus grand nombre de ceux qui ont été étudiés et mesurés, savoir : le dorique grec, six diamètres ; le toscan, sept diamètres, le dorique romain, huit diamètres; l'ionique, neuf diamètres ; et le corinthien, dix diamètres, on peut former le tableau suivant de toutes leurs proportions respectives.

Pour plus de simplicité, nous prendrons aussi le diamètre pour unité de mesure, que nous diviserons en dix parties, et ces dernières en demies et en quarts, afin de pouvoir les prendre plus facilement à l'œil ou au compas. Ainsi, tous les nombres du tableau sont des dixièmes de diamètre; par conséquent. les quarts sont, à 1/10 près, les parties ou les 1/18 du module de Vignole.

Proportions générales des cinq ordres grecs et romains.

ORDRES.	HAUTEUR DU PIÉDESTAL.				HAUTEUR DE LA COLONNE.				HAUTEUR DE L'ENTABLEMENT.				HAUTEUR DE L'ORDRE.		ESPACEMENT des colonnes ou entr'axes.
	Base.	Dé.	Corniche.	Total.	Base.	Fût.	Chap.	Total.	Archiv.	Frise.	Corni.	Total.	Sans piédest.	Avec piédest.	
1^r. Dorique grec. .	2	15	3	20	0	55	5	60	6	8	6	20	80	100	40
2e. Toscan.	2 1/2	18	2 1/2	23	5	60	5	70	5 1/2	7 1/2	7	20	90	113	36
3e. Dorique romain.	2 1/2	21	3 1/2	27	5	70	5	80	5	7 1/2	7 1/2	20	100	127	32
4e. Ionique.	2 3/4	23 1/2	3 3/4	30	5	78	7	90	5	7 1/2	7 1/2	20	110	140	28
5e. Corinthien. . .	3	27	4	34	5	83	12	100	5	7	8	20	120	154	25

Observations. — Le dorique grec reposa presque toujours sur un stylobate ou piédestal continu, mais il fut toujours sans piédestal proprement dit et sans base; il en a été le plus souvent de même pour le dorique romain.

Les Romains ne firent pas usage du dorique grec : leur premier ordre fut le toscan, qu'ils empruntèrent aux Étrusques, et le dernier, le composite, que nous supprimons dans ce tableau comme une superfluité ; nous le remplaçons par le dorique grec, pour conserver le nombre des cinq ordres, dont le dorique de Marcellus tient justement le milieu. Nous ferons remarquer encore que l'espacement des colonnes entr'elles, ou les entr'axes, était très-serré dans les temples doriques de la Grèce, et que nous ne les avons écartés que pour harmoniser cet ordre avec les quatre autres et donner à chacun des proportions qui soient relatives à leur force. Si l'on voulait imiter un temple dorique grec, il suffirait de serrer les colonnes comme pour l'ordre corinthien, c'est-à-dire 2 1/2 diamètre entr'axes des colonnes, et l'on pourrait faire également de même pour les autres ordres ; il ne resterait qu'à surmonter les colonnes d'un fronton triangulaire dont la hauteur serait comprise entre le cinquième et le sixième de la largeur du temple, ou un peu moins que celle généralement employée par les Romains, qui était entre le quart et le cinquième de la base.

Quant aux détails des profils, des moulures et de l'ornementation, il n'entre pas dans le plan de cet ouvrage de s'en occuper ; c'est, d'ailleurs, une chose très-facile : on trouvera ces détails sur tous les vignoles, et ceux qui voudront se les rendre familiers doivent apprendre l'art de profiler, en s'exerçant simultanément à tracer un grand nombre de profils, d'abord avec la règle et le compas, et surtout en les dessinant à l'œil et à la main : on acquiert ainsi très-promptement cette espèce de talent, et il suffit du tableau des proportions générales, que l'on sait toujours de mémoire, pour composer un ordre quelconque qui se trouvera dans les proportions. Si l'on a bien saisi l'esprit de la composition des ordres que nous venons d'expliquer, il suffira de quelques jours pour apprendre à les dessiner tous très-correctement : ceci soit dit uniquement pour les personnes qui n'ont pas fait une étude spéciale de l'architecture et qui voudraient employer les ordres imités des anciens, sans courir le risque de tomber dans des fautes grossières, comme cela leur arrive trop souvent ; et c'est ainsi qu'en croyant imiter le beau de l'antique, on ne fait quelquefois que du barbare et du sauvage.

Nous ne pouvons quitter ce sujet sans faire une remarque curieuse : ce qui explique la difficulté d'harmoniser un ordre d'architecture dans toutes ses parties, c'est l'impossibilité d'en créer un nouveau *d'après les mêmes principes :* personne, en effet, malgré les nombreux efforts qui ont été tentés, n'a pu résoudre encore ce problème, qui paraît facile en apparence et qui est insoluble en réalité. Qu'est devenu l'*ordre français*, imaginé sous Louis-le-Grand et qui n'a vécu que le temps d'un objet de mode ou de fantaisie ? C'était pourtant, à cette époque, une grande affaire, que cet ordre français auquel on n'a plus pensé depuis. Si l'on veut imiter les ordres des anciens, il sera prudent et sage de s'en tenir aux cinq ordres existants, sans chercher à les varier par des formes ou des proportions nouvelles, et c'est ce que font tous les bons architectes de ce siècle.

On voit, par ce que nous venons de dire, que nous ne sommes pas exclusif : nous convenons franchement qu'il y a des cas où l'architecture antique peut recevoir une application utile ; mais il en est également beaucoup d'autres où celle de la seconde partie du moyen-âge réussirait beaucoup mieux, particulièrement pour les églises, et cette vérité devrait être maintenant incontestable pour tous les bons esprits, si des préjugés d'école ne les détournaient pas du véritable esprit de l'art.

Cette longue dissertation sur les ordres des anciens était nécessaire pour faire voir la petite part que les Romains ont prise à leur invention : ils sont, en effet, plutôt grecs que romains ; car ces derniers n'ont ajouté que le toscan, le dorique Marcellus et le composite ; mais, le toscan étant emprunté aux Étrusques, et le composite n'étant tout simplement que l'assemblage des chapiteaux ionique et corinthien, il ne reste définitivement que le seul ordre dorique romain, qui, à la vérité, est fort beau. Ces ordres antiques nous serviront d'ailleurs plus tard de point de comparaison pour l'étude des piliers et des arcs romans et ogiviques ; nous prouverons qu'on s'est trop hâté d'affirmer qu'ils n'ont d'autres proportions que celles données par le hasard et le caprice : comme s'il était possible de construire un grand édifice de quelque valeur sans coordonner ses diverses parties avec l'ensemble, ce qui constitue essentiellement l'art des proportions. Peut-on croire sérieusement que nos admirables cathédrales n'ont aucun rapport dans leurs proportions, elles qui, au contraire, accordent toutes les harmonies, en parlant en même temps à l'âme et aux sens ?

CHAPITRE VII.

DES CHAPITEAUX BYZANTINS ET ROMANS.

Analyse de leurs variétés.

Lorsqu'un chapiteau manquait et qu'on n'en trouvait pas de la mesure convenable dans les carrières des monuments en démolition, on était trop pressé à Byzance pour se donner la peine de le copier sur l'antique. On prenait un bloc cubique de pierre, carré par le haut, qu'on taillait en cercle par le bas pour qu'il s'ajustât à la colonne, et l'on se bornait à orner sa surface gauche d'entrelacs, de feuillages et de fleurs les plus divers et souvent des objets les plus bizarres : voilà l'origine des chapiteaux byzantins. Rome, plus attachée à l'art antique que Byzance, conserva et copia tant qu'elle put le chapiteau antique : mais sa forme s'altéra peu à peu et devint, par la suite, presque méconnaissable ; c'est vers le milieu du VIIIe. siècle seulement que le mélange de l'ornementation de l'art byzantin et de l'art latin ou roman commença à se faire sentir en Occident, pour prendre un caractère plus décidé dans le XIe. siècle, sous le nom de romano-byzantin.

M. Schmit a bien expliqué la forme de ces chapiteaux : nous ne pouvons mieux faire que de le citer textuellement et de renvoyer à ses dessins pour en faire saisir l'esprit. Nous analyserons ensuite les formes, les proportions et l'ornementation qu'ils sont susceptibles de recevoir, et nous déduirons de cette étude que leur variété, loin d'être infinie, comme on serait d'abord porté à le supposer, est, au contraire, assez restreinte, si l'on veut leur conserver un caractère tranché qui ne se confonde pas avec ceux du même genre.

Citons d'abord M. Schmit :

« La forme, les proportions, le caractère du chapiteau varièrent selon les provinces, selon les siècles, selon le goût, le génie ou les connaissances de l'architecte. Il serait difficile, d'après ces variations et leurs causes, de classer méthodiquement et exactement ces chapiteaux, en prenant pour règle, soit la chronologie, soit la géographie qui se donnent très-fréquemment des démentis réciproques. Ce n'est donc guère que par leurs formes qu'on peut les distinguer et les caractériser.

« Ce qui distingue plus encore que la forme le chapiteau roman du chapiteau antique, c'est la décoration iconographique dont il est souvent revêtu. Les anciens n'avaient pas imaginé de faire de l'amortissement de leurs colonnes ou de leurs piliers des imageries, et rarement y trouve-t-on seulement quelques signes symboliques. Ces décorations iconographiques, au reste, ne dépassent point l'époque romane.

« Les chapiteaux les plus en usage depuis l'abandon des types antiques jusqu'à l'adoption du type appelé gothique, sont tous pourvus d'un abaque ou tailloir, ordinairement très-massif (V. l'Atlas du Manuel, fig. 120, 123, 124, 152 et autres) ; au-dessus, est le corps du chapiteau, tantôt cubique, volontiers en forme de cône renversé, rectiligne ou curviligne, d'autres fois réunissant les deux formes, puis cylindrique ou en tambour, souvent, au XIIe. siècle surtout, en forme de corbeille évasée, comme celle du chapiteau corinthien, dont il rappelle en même temps l'ornementation d'une manière fort imparfaite. Au bas, est un astragale dont le profil et l'importance sont capricieux comme le reste.

« Il suffira de donner ici une nomenclature abrégée des

principales variétés de chapiteaux, choisis parmi les plus usités. Les dessins dispenseront des descriptions, qui allongeraient beaucoup trop cet article. On a donc :

« Le chapiteau cubique (figures 119, 200 *bis*) ;

« Le chapiteau conique rectiligne (fig. 118, 121, 122, 125, 145);

« Le chapiteau conique curviligne (fig. 126, 134, 135, 146, 147, 148, 150, 154);

« Le chapiteau cubi-conique (fig. 120, 364);

« Le chapiteau-cylindrique (fig. 127, 181, 403) ;

« Le chapiteau cordé ou en cœur (fig. 128, 129) ;

« Le chapiteau en tulipe ou en cloche (fig. 130) ;

« Le chapiteau évasé (fig. 123, 124, 131, 132) ;

« Le chapiteau en corbeille (fig. 133, 137, 141, 143, 144) ;

« Le chapiteau en entonnoir (fig. 151, etc.).

« Il serait difficile de déterminer chronologiquement la forme que reçoit l'abaque ou tailloir : on le voit tour à tour plein, évidé, carré, cubique, octogone, hexagone, simple ou profilé de moulures. L'astragale varie aussi beaucoup. Sur certains de ces chapiteaux, ceux de forme quadrangulaire, dont les faces sont lisses, la décoration était seulement peinte.

« L'ornementation du chapiteau roman est puisée indistinctement dans le règne végétal, dans le règne animal, ou empruntée à l'orfévrerie, à la broderie, comme les palmettes et les perles ; à la vannerie même, dont elle imite les réseaux ; à la fable ou à la légende, dont elle reproduit les griffons, les hippogriffes, les sphinx, les centaures, les sirènes, les dragons (fig. 147, 150, 151, 153, 155). Elle s'enrichit même de la figure humaine, qu'elle emploie comme masques, comme emblèmes, comme sujets tirés de l'Écriture, de la chronique, de l'hagiographie (fig. 140, 145, 146, 153 *bis*, 156, 467). Ces chapiteaux à sujets sont appelés chapiteaux historiés.

« Plus on tire vers la fin de la période romane, plus l'ornementation du chapiteau devient riche de détails. On voit alors, comme il a été dit, reparaître quelques reflets du chapiteau antique, principalement du chapiteau corinthien (fig. 139, 140, 144).

« Des espèces de denticules plus ou moins larges, plus ou moins multipliés, qui semblent quelquefois n'être que les dentelures d'un sous-abaque horizontalement échancré (fig. 123, 128, 132, 139, 140, 147, 148, 154, 156, 407), et auxquels quelques sculpteurs ont substitué des billettes (fig. 134 et 135), caractérisent le chapiteau roman et celui de la transition au chapiteau gothique. C'est à ce dernier passage qu'appartiennent essentiellement les décorations faites avec de petits édifices, alors fort répandus, et qu'on dit représenter des *Jérusalem célestes* (fig. 157). »

Nous avions composé ce chapitre avant d'avoir eu connaissance du travail de M. Schmit, et nous n'avons pas pu nous empêcher de le citer pour nous venir en aide. Voici, du reste, l'analyse des chapiteaux que nous avions faite pour suivre le fil de ce dédale d'ornementation byzantine et romane.

Analyse des chapiteaux byzantins et romans.

Le point de jonction du sommet de la colonne avec l'architrave, ou avec la naissance de l'arc, est naturellement indiqué pour y placer un épaulement, et l'on a dû chercher à dissimuler l'angle rentrant, en le cachant par les ornements les plus variés. De là l'origine du chapiteau ou tête de la colonne, élément le plus saillant et le plus caractéristique de l'architecture de tous les peuples; il n'existe, en effet, aucune partie dans un édifice où l'ornementation soit plus apparente, et, nulle autre part, elle ne saurait être mieux placée pour produire tout son effet.

L'étude des chapiteaux de tous les styles aurait donc une grande importance, et si on y ajoutait les colonnes, les entablements et les arcs ornés qui les relient les unes aux autres, on résumerait les principes fondamentaux; et, en faisant cette étude pour chaque peuple et chaque époque, on présenterait le tableau complet de l'art. Cette étude est faite pour l'art antique qui se résume, en quelque sorte, par les cinq ordres d'architecture; mais elle est encore à faire pour l'art du moyen-âge dont la variété des chapiteaux et des archivoltes est considérable : nous avons seulement compté soixante-dix types distincts de chapiteaux, mais il doit y en avoir un plus grand nombre. Nous allons faire l'analyse des principaux, quant à la forme, aux proportions du galbe et à son ornementation.

Le chapiteau se compose de trois parties distinctes :

1°. Le tailloir ou l'abaque, simplement droit ou composé de moulures, et dont le plan, carré à l'imitation de l'antique, est aussi quelquefois coupé en octogone, en hexagone et même en cercle ;

2°. L'astragale, placé au sommet de la colonne pour adoucir l'angle rentrant par un congé, avec lequel il se lie dans les ordres antiques, fait partie intégrante du chapiteau et peut y être adhérent ; car le congé de liaison avec le fût n'existe presque jamais dans l'art byzantin et roman, attendu que le fût est toujours perpendiculaire et cylindrique ; il y a moins de pierre à abattre en faisant adhérer l'astragale au chapiteau, ce qui n'a pas également lieu, lorsque le fût est conique comme dans les ordres antiques ;

3°. Le galbe du chapiteau, toujours circulaire dans sa partie inférieure, devient carré ou polygonal et plus large à sa partie supérieure pour se raccorder avec le tailloir.

Le profil de ce galbe prend huit formes différentes, savoir :

1°. Profil en ligne droite inclinée, ou galbe conique rectiligne ;

2°. Profil en ligne courbe renflée ou convexe, généralement appelé cubique ;

3°. Profil en ligne courbe concave ou évasé en corbeille : c'est une des formes les plus légères, des plus gracieuses et généralement des plus ornées ;

4°. Profil en doucine ou en forme de tulipe ou de cloche renversée ; on en voit des exemples dès la plus haute antiquité, particulièrement dans les monuments égyptiens ; cette forme paraît imitée du tronc de certaines espèces de palmiers ; il est très-probable que les deux fameuses colonnes de l'entrée du temple de Salomon étaient couronnées par des chapiteaux de cette forme, mais dont le profil était très-fortement prononcé, de manière à se rapprocher de la forme de la grenade dont le double astragale était formé ;

5°. Profil en talon ou en cœur ; on en voit de nombreux exemples dans l'art byzantin et roman, et jamais dans la haute antiquité ;

6°. Profil en ligne brisée, d'abord droite et d'aplomb, puis inclinée droite ou courbe : cette forme, uniquement employée au moyen-âge, a été appelée cubi-conique ;

7°. Profil en forme d'entonnoir, qui se rapproche du précédent ;

8°. Enfin, le profil en ligne droite d'aplomb ou à peu près d'aplomb ; dans ce cas, le tailloir circulaire ou octogonal, ayant à peu près le même diamètre que l'astragale, a, pour cette raison, été appelé chapiteau cylindrique.

Proportions.

Les trois parties qui composent le chapiteau peuvent avoir des proportions différentes et lui donner un aspect plus ou moins lourd, plus ou moins écrasé ou élancé, qui doit toujours être en rapport avec l'ensemble de l'édifice :

1°. Le tailloir carré ou polygonal peut être plus ou moins fort, simple, droit, perpendiculaire ou orné de moulures diverses ; il peut être plus ou moins large relativement au diamètre de sa colonne, et, par conséquent, avoir un plus grand encorbellement pour la même hauteur du chapiteau, ce qui lui donne l'aspect le plus lourd. La naissance de l'arc peut affleurer le bord de l'abaque ou être légèrement en retraite, ce qui est le cas le plus général ; tandis que, dans les ordres antiques, sans aucune exception, l'archivolte de l'arc qui porte sur un chapiteau est toujours d'aplomb avec le fût de sa colonne, au-dessous de l'astragale.

Cette différence est un des caractères les plus saillants de l'art byzantin et roman, et surtout de l'art arabe, qui a imité de Byzance ce surplomb, en l'exagérant ; il en résulte que la colonne paraît être bien plus légère qu'elle ne l'est en réalité et le chapiteau bien plus lourd, et cet effet très-caractérisé est fort remarquable; nous aurons l'occasion d'en reparler lorsque nous nous occuperons de l'art roman.

2°. L'astragale n'est le plus souvent composé que d'une baguette et d'un listel au-dessous, quelquefois au-dessus, et très-rarement d'un congé comme dans les cinq ordres antiques; l'astragale doit être bien proportionné : ni trop fort, ni trop maigre, et généralement il pèche par trop de lourdeur.

3°. Le galbe du chapiteau, quelle que soit sa forme, peut être plus ou moins élevé; il a ordinairement un diamètre au moins et deux diamètres au plus, et suivant les ornements qui le recouvrent; les artistes du moyen-âge l'ont allongé ou raccourci à leur fantaisie sans s'astreindre à aucune règle, mais en se renfermant à peu près dans les limites que nous venons d'indiquer.

Ornementation.

L'ornementation des chapiteaux du moyen-âge est variée à l'infini, néanmoins elle peut se classer dans les catégories suivantes :

1°. Chapiteaux à sujets iconographiques ou historiés, composés de figures, de personnages, d'emblèmes symboliques, souvent tirés de la Bible et représentant quelquefois des scènes de la vie publique et vulgaire;

2°. Chapiteaux formés par la réunion symétrique d'animaux réels ou chimériques, symboliques, monstres entrelacés de serpents, de lézards, de scorpions, etc.;

3°. Chapiteaux composés de réseaux ou d'entrelacs imitant la vannerie; des chaînes, des cordons, des torsades, des ciselures imitant l'orfévrerie, la broderie; des perles et des pierreries, des plumes d'oiseaux, etc.;

4°. Chapiteaux ornés de tout le règne végétal, feuilles, fleurs et fruits; la nature entière et tout ce que l'imagination peut créer, en le soumettant à un arrangement symétrique, a été employé à la décoration des chapiteaux du moyen-âge;

5°. Enfin, on a imaginé, dans le XIe. siècle, de les orner de petits édifices en miniature, qu'on a appelés des Jérusalem célestes et qu'on a ensuite étendus aux tympans, entre les arcades et plus tard aux dais, aux pinacles, aux clochetons couronnant les statues.

On peut mélanger ces divers sujets avec mesure et sobriété, mais en faisant néanmoins dominer le genre choisi pour éviter la confusion. En général, il faut accentuer fortement les ornements, les bien détacher, approfondir vigoureusement les creux pour augmenter l'effet des ombres et surtout éviter la mollesse, la diffusion, l'indécision et la complication des formes. Le dessin du chapiteau doit être simple, net et tranché, pour rendre et faire valoir les petits détails, tout en rehaussant l'ensemble.

On peut varier les formes et les proportions, c'est-à-dire l'encorbellement et la hauteur, ainsi que l'ornementation ; et si la nature entière ne suffit pas pour nous offrir des modèles, on peut, en outre, choisir ce que l'imagination peut nous suggérer de riche et de gracieux, et quelquefois même de capricieux ou de bizarre, sans dépasser certaines bornes, afin d'obtenir la diversité à l'infini.

Que de ressources ne présente pas un tel art, s'il est savamment et ingénieusement appliqué ! Comparez cet idéal, en quelque sorte indéfini, avec le fini des cinq modes antiques que l'on ne peut plus varier sans affaiblir la beauté régulière qui leur est propre, et alors le génie de l'artiste se trouve circonscrit dans un petit cercle d'où il ne peut sortir, comme nous en avons fait souvent la remarque.

Ce peu de mots doit faire pressentir les moyens relatifs des deux arts : l'un, fixe, est immobile, et l'autre, marchant toujours en se perfectionnant, est certainement plus en harmonie avec le caractère et le génie de la société moderne. Mais, dira-t-on, cette variété infinie, sans bornes et sans limites, engendrera nécessairement des écarts, des disparates et des fautes graves ; peut-on ainsi conseiller d'abandonner l'art aux extravagances de l'imagination ?... Ne serait-ce pas enfanter des difformités et des monstres ? Que ne dira-t-on pas pour rester immobile dans sa loge de quatre colonnes surmontée d'un fronton triangulaire, comme une statue dans sa niche? Il ne faut pas s'effrayer de toutes les raisons que l'on ne manquera pas d'opposer contre le nouvel art; sans aucun doute, il faut se borner et savoir choisir, car qui ne sait se borner, ne sut jamais écrire, ni penser, ni composer quoi que ce soit de raisonnable: l'esprit de l'homme se perd et se confond dans l'infini, les œuvres qui lui sont propres sont non-seulement finies, mais de plus très-bornées; il ne faut pas qu'il soit la dupe de son orgueil, s'il veut franchement avancer dans le progrès. Nous allons, en conséquence, expliquer cet infini qui effraie tant les âmes timides, et nous allons le trouver considérablement rétréci en le mettant en rapport direct avec notre esprit.

En étudiant les formes des chapiteaux avec les éléments que nous venons d'analyser, le nombre de leurs variétés se trouvera bien plus restreint qu'on ne le suppose au premier abord. Pour s'en rendre un compte exact, il suffit de combiner entr'eux ces divers éléments. Et d'abord, huit formes peuvent être variées par cinq genres d'ornementation, ce qui donne quarante chapiteaux différents, lesquels peuvent, à leur tour, être modifiés dans leurs proportions. Si nous comptons trois proportions de tailloirs plus ou moins forts et plus ou moins saillants et cinq hauteurs différentes de chapiteaux, nous aurons les combinaisons suivantes: en prenant 1 diamètre pour la moindre hauteur et 2 diamètres pour la plus grande, nous aurons un intermédiaire moyen de 1 1/2 diamètre; et si nous prenons deux autres intermédiaires moyens, compris entre celui-ci et le premier et le dernier, nous aurons les cinq ordres suivants de proportions pour les hauteurs de chapiteaux: 1, 1 1/4, 1 1/2, 1 3/4, 2, lesquelles proportions peuvent encore être variées et combinées par les trois proportions des tailloirs, et dans quelques cas assez rares, on peut compter le tailloir en sus de la hauteur; nous aurions alors 5×3=15, proportions différentes pour chaque variété de chapiteau; et comme nous en avons trouvé le nombre de 40, nous aurions donc au plus 40×15=600 variétés de chapiteaux.

Mais qui ne voit que, parmi ces 600 variétés, il y en aurait un très-grand nombre dont les différences seraient à peine sensibles ; ceux qui auraient la même forme et la même proportion se ressembleraient beaucoup : il n'y aurait que l'ornementation qui varierait, et ceux qui auraient même ornementation, même proportion et à peu près la même forme, se ressembleraient encore plus. Il y a donc à déduire beaucoup sur ce nombre de 600 variétés pour qu'elles ne se confondent pas entr'elles. Après y avoir long-temps réfléchi, nous croyons qu'en comptant seulement cinq formes, cinq ornementations et cinq proportions, on obtiendrait le caractère distinct et tranché qu'il faut rechercher ; on aurait donc 5×5=25×5=125 variétés distinctes de chapiteaux. Une étude plus approfondie nous a démontré qu'il serait encore nécessaire d'en éliminer un cinquième, ce qui porterait le nombre à cent chapiteaux. Ainsi, voilà l'infini que nous avions d'abord cru entrevoir considérablement réduit ; on voit que les bornes de notre esprit sont fort restreintes, celles de notre orgueil seules sont infinies : c'est ce qu'il importe de bien comprendre et surtout de bien retenir.

Il serait très-utile de proposer aux artistes un concours pour la composition de ces cent chapiteaux, et le Gouvernement devrait fonder un grand-prix pour une œuvre aussi nationale qu'artistique. Le programme de ce concours obligerait de mettre en parallèle le motif ou spécimen historique choisi dans les anciens monuments, et la composition proposée devrait s'en rapprocher en la régularisant, et même quelquefois être identique dans le cas où l'artiste jugerait ne pouvoir mieux faire que l'original du motif. Cette étude serait fort intéressante à tous égards, et bien certainement elle aurait un tout autre résultat que le malheureux essai de l'invention de l'ordre français sous Louis XIV.

Rien n'empêcherait de combiner ensuite ces cent chapiteaux et leurs arcs archivoltés avec cinq ordres de proportions si on le désire, ce qui donnerait vingt chapiteaux différents pour chaque ordre de proportions ; voilà ce qu'on peut répondre aux classiques qui ne veulent suivre que la règle. Il est évident que l'art du moyen-âge peut tout aussi bien être réglé dans ses formes et ses proportions que l'art antique, et s'approprier ainsi à tous nos besoins actuels ; c'est ce que nous allons démontrer chapitres 11, 12 et 13 ci-après, mais sans aucune espérance de voir adopter le nouvel art, et cela uniquement parce qu'il est nouveau. C'est ainsi que nous comprenons que l'on peut rattacher le passé au présent ; dans l'art comme dans l'histoire, on ne doit pas servilement copier, mais bien conserver pour mieux améliorer. Cependant, la copie rigoureusement exacte doit être toujours suivie et même calquée ou estampée dans la restauration des vieux monuments : le but que l'on doit se proposer étant de les réparer pour les reproduire, autant que possible, comme ils ont été conçus, avec l'esprit de leur époque, et non en les dénaturant, sous prétexte de les embellir. Cette manie de vouloir tout aligner et tout embellir tue l'esprit de l'art par le mensonge ; en recherchant prétentieusement la beauté, on tombe dans la laideur, et alors le faux prend toujours la place du vrai. Restaurons les vieux monuments absolument comme ils étaient, *même avec leurs défauts ;* édifions les nouveaux en nous inspirant de l'esprit des anciens, mais en améliorant les détails avec l'esprit de notre époque, qui doit joindre l'utilité et l'économie avec la beauté et la régularité de la forme.

CHAPITRE VIII.

PARALLÈLE DE L'ART ANTIQUE ET DE L'ART OGIVIQUE.

L'art antique ne se prête pas à une aussi grande élévation perpendiculaire que l'art ogivique, parce que la continuation ou le prolongement des lignes verticales est souvent interrompue par les bases, les chapiteaux, les architraves et les corniches qui forment des saillies horizontales fortement prononcées. L'art ogivique, au contraire, s'élève verticalement sans que rien vienne arrêter son élan, et les lignes peuvent être suivies par l'œil de bas en haut, tandis que, dans l'art antique, elles se portent toujours devant lui horizontalement et concourent ainsi à un seul point de vue. Il résulte de cette disposition horizontale des lignes un genre de beauté plus grave et peut-être plus rationnel, sous le rapport de la construction, mais qui réellement est moins varié et surtout moins élancé.

La direction inverse des lignes donne un caractère tout différent à ces deux arts ; dans l'un, les lignes verticales dominent presque exclusivement : de là élancement et augmentation apparente dans la hauteur ; dans l'autre, ce sont, au contraire les lignes horizontales : de là prolongement des longueurs et diminution apparente dans les hauteurs.

On ne peut disconvenir que ces deux arts ont chacun leur raison d'être et leur beauté particulière, et qu'ils peuvent être également appliqués avec succès ; cela dépend uniquement de l'effet que l'on cherche à produire et du genre ou de la destination de l'édifice qu'on se propose d'élever. On commence enfin à comprendre que le style ogivique convient mieux aux églises que le style antique, qui est moins varié dans ses détails et trop limité dans ses proportions, que l'on ne peut pas trop modifier sans altérer sensiblement la beauté grave et sévère inhérente à son caractère.

L'art antique ou païen est, sous quelque point de vue qu'on le considère, l'opposé de l'art ogivique ou chrétien ; la différence est aussi tranchée que celle qui existe entre les deux religions et précisément comme la ligne horizontale est opposée à la ligne verticale.

On conçoit facilement que deux arts si essentiellement différents doivent être appliqués d'une manière tout-à-fait différente dans la disposition des détails et de l'ornementation ; en effet, l'art antique exige la plus grande simplicité dans les formes : il doit être sobre de petits détails, il repousse la complication et il devient prétentieux en cherchant à plaire par une ornementation parasite qui est contraire à sa nature. Comparez l'ordonnance si belle de simplicité et d'harmonie du portique grec, couronné d'un fronton orné d'un bas-relief indiquant toujours la destination de l'édifice, avec la diffuse complication de celle des ordres modernes engagés dans les murs, accouplés et superposés, de tous les portails des églises que nous élevons si lourdement depuis trois siècles ! On ne dirait jamais que c'est le même art, tant nous l'avons véritablement défiguré en compliquant la disposition.

Les ordres antiques perdent toujours à être placés les uns au-dessus des autres : leurs formes, leurs proportions et la forte saillie de leur corniche indiquent qu'ils furent composés, dans le principe, pour former toute la hauteur de l'édifice. Ce ne fut que long-temps après et lorsque la Grèce fut couverte de monuments, que l'exigence de nouveaux besoins fit imaginer de les superposer et de placer ainsi un édifice sur un autre édifice. On a tant abusé de cette licence dans les temps modernes, depuis le célèbre Palladio, qui appliqua avec le plus grand succès l'architecture antique aux usages du XVIe. siècle jusqu'à ces derniers temps, qu'il en est résulté un mélange bizarre et une confusion extraordinaire. Au lieu du style pur grec ou romain, on dirait que nos monuments ont dégénéré, comme ces langues harmonieuses qui sont devenues pour nos gosiers un jargon rude et de mauvais goût. Certes, nos architectes et nos recteurs peuvent bien se donner la main : les uns et les autres ne feraient plus comprendre leur prétentieux langage aux Romains du règne d'Auguste, s'ils pouvaient ressusciter, et bien moins encore aux Grecs du temps de Périclès.

Avec nos usages et nos besoins actuels, on ne peut cependant pas éviter de superposer les ordres d'architecture ; mais cette superposition tolérable, et si l'on veut convenable pour deux étages, devient déraisonnable et choquante lorsqu'il y en a plusieurs. Dans ce cas, il est préférable de supprimer les ordres et d'élever de simples façades ornées seulement par leurs ouvertures encadrées de moulures, d'archivoltes et de bandeaux.

Le style ogivique ne présente aucun de ces inconvénients : il s'élance naturellement tout seul, et la multiplicité des étages, loin de lui être contraire, vient encore augmenter son élancement ; aussi voyez le bel effet qu'il produit dans son ensemble, même lorsqu'il est surchargé de mauvais détails, tandis que le style imité des anciens, même lorsqu'il est orné des plus beaux détails, n'engendre très-souvent qu'un ensemble médiocre qui ne satisfait pas également l'esprit et les yeux.

Comparez le portail de St.-Sulpice, un des plus beaux de son genre, avec celui de Notre-Dame de Paris, qui n'est pas l'un des plus beaux dans le sien : comme l'impression que l'on éprouve à la vue du premier est différente de celle du second ! Comme l'un paraît froid à côté de l'autre ! Cependant, ce portail de St.-Sulpice, œuvre remarquable de Servandoni, est magnifiquement traité dans ses proportions et dans ses détails. Que l'on se figure chaque partie de cette façade séparément et placée isolément dans un lieu pittoresque, dans un parc, par exemple, comme serait un pavillon, un portique ou un temple antique, et l'on remarquera de grandes beautés dans ces parties et surtout dans les détails et dans les ornements qui les composent. D'où peut donc provenir ce manque d'effet dans l'ensemble, disons mieux : d'où vient ce manque d'impression religieuse, si ce n'est de la solution de continuité des lignes verticales ou de la superposition des ordres qui forment comme autant d'édifices placés les uns sur les autres, comme le seraient des boîtes de carton que l'œil compte, sépare et disperse de suite comme autant de parties trop fortement tranchées, et qui, par conséquent, ne sont pas suffisamment liées entr'elles par les lois de l'harmonie. L'arrangement le mieux combiné des parties avec le tout, en d'autres termes, et nous croyons devoir le répéter ici, l'harmonie d'un bel ensemble échappe au premier coup-d'œil que nous portons sur un monument ; et cela tient à la liaison intime de ses rapports qui, lorsqu'ils n'ont rien de trop fortement tranché, empêchent que ces rapports soient d'abord décomposés ou analysés par les premières impressions qui frappent nos sens, et qui, presque toujours, les exaltent. Ce n'est pas la raison qui est d'abord frappée, c'est l'imagination ; car il faut le temps de la réflexion et beaucoup d'étude pour se rendre un compte exact de la raison d'être de chaque chose.

Néanmoins, nous l'avouerons franchement, nous ne pouvons pas nous expliquer l'impression si prompte et si vive que nous éprouvons à la vue des deux monuments si différents que nous venons de citer. Ce qui nous frappe d'abord, c'est un assemblage des plus belles formes mythologiques à côté de l'ensemble mystérieux d'un temple élevé au vrai Dieu. Dans l'un, nous admirons la correction et la régularité des formes; mais le monument est muet quant à l'impression morale : il ne dit rien au cœur, il ne réveille dans l'âme aucun sentiment religieux ; il est triste comme le silence monotone du désert ; dans l'autre, au contraire, la forme nous échappe entièrement au milieu d'une infinité de détails, si bien liés entr'eux qu'ils ne forment qu'un seul corps. Nous confondons l'ensemble et les détails, même lorsqu'ils sont incorrects : nous sommes exclusivement dominés par l'impression religieuse, et nous croyons entendre les chants de la prière sortant de cette masse de pierre toute découpée et percée à jour, comme d'un immense instrument de musique, pour s'élever vers les cieux.

Sans avoir la prétention d'expliquer ces impressions, nous ne pouvons nous empêcher de les sentir et de nous demander à quoi elles tiennent ? Des effets si merveilleux viendraient-ils de l'exaltation des hauteurs, produite par la continuation perpendiculaire des lignes et par la grande multiplicité des divisions et des ornements de détail, si diversifiés et d'une apparence bizarre ou fantastique ? Ce qu'il y a de certain, c'est que cet effet tout magique est du domaine de l'imagination qui crée des prodiges; et, si nous en voulons créer à notre tour, il faut employer le même genre d'architectonique, et nous serons étonnés de nos propres succès. Saisissons bien l'esprit sans trop nous préoccuper de la forme, et nous verrons qu'il la façonnera de la manière la plus ingénieuse pour obtenir le meilleur effet.

Nous avons pris St.-Sulpice et Notre-Dame pour points de comparaison, parce que ces deux grands monuments sont très-connus et situés tous deux à Paris, et non pour mieux rendre notre pensée; car, sous ce rapport, ils seraient au contraire mal choisis. Nous n'avons d'ailleurs parlé que du portail de ces édifices, c'est-à-dire du plus beau de St.-Sulpice ; pour être juste, il eût fallu comparer leur intérieur et alors la question de savoir lequel des deux genres doit être le plus souvent appliqué serait si évidente qu'elle sauterait aux yeux les moins exercés, et qu'il serait impossible de soutenir le contraire sans faire injure au sentiment de l'art.

Nous pourrions, du reste, multiplier les exemples, et tous prouveraient que chaque genre a sa beauté qui lui est propre, et qu'il n'est pas raisonnable d'employer exclusivement le style imité des anciens, comme nous en avons contracté l'habitude par notre éducation classique. Le style antique réussit assurément fort mal pour les édifices qui exigent une grande hauteur et beaucoup de légèreté, tandis que le style ogivique produit, dans ce cas, un meilleur effet.

Nous croyons avoir déjà amplement démontré que les deux genres si différents d'architectonique peuvent néanmoins être également employés dans les constructions modernes; mais, pour ne laisser aucune incertitude à cet égard dans l'esprit, nous répéterons encore que, les besoins de la société étant de leur nature fort mobiles, l'architecture doit, par une conséquence nécessaire, suivre la pente de ce mouvement; car si elle est l'expression des idées et des besoins des peuples, il est évident que l'art antique, parfaitement bien combiné pour les satisfaire dans son temps, ne peut, par ce même motif, les satisfaire tous aujourd'hui. C'est donc un contre-sens que de vouloir généralement l'appliquer à tous nos usages, et ce malheureux préjugé a placé les architectes dans la nécessité de tourmenter l'art de mille manières en lui demandant plus qu'il ne pouvait donner. Il en est résulté qu'on a élevé presque partout des édifices sans caractère, et l'art est tombé en décadence, quant à la pureté du style, dans toute l'Europe savante.

Pour tâcher de porter remède à un mal aussi grave, il a fallu, à la fin du siècle dernier, revenir à la simplicité primitive de la belle architecture antique pour la réhabiliter parmi nous, et les architectes de l'École française de cette époque, nos maîtres de si glorieuse mémoire, ont, sous ce rapport, rendu de grands services. Mais, en définitive, l'art antique étant resserré dans des limites trop étroites relativement aux besoins des modernes, les élèves n'ont pu que se traîner à la suite de leurs maîtres en les copiant servilement. C'est pourquoi nous n'avons plus guère que des monuments calqués sur l'antique, dont le style n'est réellement plus en rapport avec la civilisation moderne. Aujourd'hui, en 1831, que de nouveaux besoins naissent et se multiplient de toutes parts et qu'il n'est plus possible de les satisfaire tous avec le genre antique, il devient indispensable d'ouvrir une voie plus large à l'invention : il faut chercher une autre genre qui puisse se prêter aux exigences de ce siècle, qui nous dominent et nous poussent vers le progrès social par un mouvement irrésistible et puissant d'enthousiasme. Toutes les intelligences hardies demandent à marcher en avant ; les hommes prudents voudraient attendre encore, mais ils seront forcés de suivre le mouvement, et les plus sages ne sont pas sourds à la voix intérieure qui nous crie à tous : Améliore et conserve ! C'est véritablement une nouvelle renaissance dans les sciences et dans les arts, plus importante peut-être dans ses résultats à venir que celle des XIIIe. et XVIe. siècles; cette renaissance, qui s'annonce partout, éprouvera sans doute encore un temps d'arrêt, et nous n'avons pas à nous occuper ici des causes politiques de ce retard ; mais il n'est au pouvoir d'aucune puissance humaine de la détruire. Elle brille d'un éclat inconnu : travaillons avec persévérance pour hâter sa venue et ses progrès, mais agissons avec sagesse, prudence et discernement ; gardons-nous surtout de rien démolir sans avoir préalablement édifié ; n'oublions jamais que, pour améliorer, il faut savoir conserver, il faut enter sur l'arbre social qui existe et non le couper au pied pour le replanter : sans cela, et si nous n'y prenons garde, au lieu de la renaissance, nous tomberons fatalement dans la décadence en toutes choses (1).

(1) Ce chapitre a été écrit dans l'Inde, en 1831, à quatre mille lieues de Paris.

CHAPITRE IX.

DANS QUELLE LIMITE DOIT-ON IMITER L'ART DES SIÈCLES PASSÉS ?

Il est très-remarquable que les peuples qui nous entourent du côté du nord et qui, dès le XIIIe. siècle, ont comme nous élevé des monuments qui nous étonnent encore par leur esprit religieux, soient précisément les premiers à revenir aujourd'hui aux vrais principes de cet art ; et cependant ces peuples se sont mis volontairement en dehors de l'unité de l'Église catholique ! L'Angleterre et l'Allemagne ne concevraient pas que l'on construisît maintenant une église qui ne fût pas dans ce style élevé, qui seul jusqu'à présent s'est parfaitement harmonisé avec le génie chrétien. La France, qui se vante si haut d'être restée catholique, et qui l'est évidemment quant à la majorité de ses habitants, persiste, au contraire, à élever ses monuments dans le style grec ou romain dégénéré. Est-ce pour imiter Rome, centre de la chrétienté, qu'elle agit ainsi ? Non assurément. Est-ce plutôt pour conserver l'esprit philosophique des trois derniers siècles ? Peut-être ; mais, dans l'affirmative, ce serait certainement de l'instinct et non un calcul. Quoi qu'il en soit, les peuples protestants donnent à présent le bon exemple, sous ce rapport, aux peuples catholiques, et, Dieu aidant, il n'est pas si impossible qu'on le croit qu'ils deviennent peut-être un jour plus catholiques que nous ; car il arrivera, de deux choses l'une : ou que les protestants finiront par avoir un pape, s'ils veulent conserver l'unité de leur doctrine, ou qu'ils abandonneront l'origine divine de leur religion aux variations incessantes de l'humanité, et alors il sera bien évident pour tous que la religion, purement philosophique et politique, viendra uniquement de l'homme et non de Dieu. Une religion d'institution purement humaine est-elle possible ? Cette question mérite assurément d'être sérieusement traitée, et si jamais l'esprit de l'unité catholique vient aux protestants, il importe de faire remarquer que l'esprit de l'art aura manifesté, fort long-temps d'avance, la tendance à ce grand changement dans les idées religieuses sorties du XVIe. siècle.

Tout ce que nous avons dit sur l'art ogivique démontre qu'il doit être employé de préférence pour la construction des églises, que nous ne pouvons plus concevoir dans le style antique, après tant de malheureux exemples qui blessent partout nos yeux comme artistes, et nos sentiments comme chrétiens.

Mais quelle est la mesure ou la limite de cette imitation?

Doit-on servilement copier les beaux monuments élevés par nos pères, du XIIe. au XVIe. siècle? Non; cela ne serait plus convenable, puisque les circonstances et les moyens d'exécution de la société moderne ne sont plus les mêmes: lorsque tout a changé autour de nous, il est impossible de n'en tenir aucun compte et d'imiter rigoureusement un art qui n'est plus exactement en rapport avec nos mœurs et nos besoins: ce serait d'ailleurs tomber dans la même erreur que l'on reproche, avec tant de raison, aux copistes de l'antiquité païenne.

Nous avons déjà dit, et nous le répétons avec intention, que lorsqu'il s'agit de terminer un édifice resté inachevé, ou de le restaurer pour réparer les dégradations qu'il a éprouvées par les injures du temps ou des hommes, la question change entièrement et alors il faut identiquement le rétablir comme il était à l'époque où il a été édifié, sans se permettre d'y apporter le moindre changement sous le prétexte de l'embellir.

Dans ces sortes de restaurations, il faut d'abord se bien pénétrer du caractère de l'édifice qu'il s'agit de rétablir, et cette étude est assez difficile, à cause du mélange des divers styles des XIIIe., XIVe., et XVe. siècles qui, malgré leur air de bonne famille, qui provient en partie de l'élancement perpendiculaire, ont toutefois des différences bien marquées. Cet art, si fortement empreint du génie chrétien, resta vivace et fleurit d'un éclat sans pareil, pendant trois siècles, dans toute l'Europe; il perdit seulement un peu de sa gravité, et ne fit plus aucun progrès dans l'architectonique après le grand élan du XIIIe. siècle: à partir de cette époque, en effet, il concentra tous ses efforts sur l'ornementation et le fini des détails, qui devinrent plus fins et qui se multiplièrent avec une trop grande profusion sur toute la surface des édifices.

Les archéologues, en tête desquels il faut placer M. de Caumont, ont éclairé et désigné les différentes périodes par les noms expressifs de lancettes pour les monuments du XIIIe. siècle; de style rayonnant pour ceux du XIVe. ; de style flamboyant pour ceux du XVe. et du commencement du XVIe. ; enfin, le nom de renaissance a été donné à l'architecture de la première moitié du XVIe. siècle. Ces désignations, et la vue des monuments dont les dates de construction sont connues, peuvent suffire pour les classer dans l'esprit du plus grand nombre ; mais il importe de faire remarquer que la plupart n'ont pas été élevés d'un seul jet: leur construction a quelquefois duré pendant deux ou trois siècles: aussi discerne-t-on, avec un peu d'habitude, les différences de style de chaque partie et de chaque époque; mais l'élancement de l'ensemble domine toujours plus ou moins, et n'a pu être effacé que par la grande révolution du XVIe. siècle. Pour bien comprendre ces différences de style, il faut avoir étudié les édifices construits à la même époque, non-seulement en France, en Angleterre et en Allemagne, mais encore dans les diverses provinces de ces royaumes et même, ce qui est plus difficile, il faut savoir observer certains petits détails dans le même monument. Chaque édifice ogivique présente toujours quelques détails particuliers, qu'on ne peut bien saisir que par de profondes études, qui empêchent de les confondre avec ceux d'un autre du même genre; c'est une chose véritablement admirable qui n'appartient réellement qu'à l'architecture chrétienne; tous ses édifices, surtout les églises, se ressemblent par leur plan et par leur disposition, et cependant tous sont différents; car, en les observant avec soin, on y découvre toujours de nouveaux rapports que l'on n'avait pas d'abord remarqués, et même des détails quelquefois capricieux, que l'on pourrait appeler des licences poétiques, qui varient dans chaque monument.

On conçoit qu'il faut absolument tout imiter dans la restauration d'un ancien édifice, mais dans une construction neuve on ne devrait pas copier certains détails bizarres qui ont été souvent inspirés par des idées mystiques dont on ne découvre plus le véritable sens. Ainsi, par exemple, le plan de l'église catholique représentant le corps de Jésus-Christ étendu sur la croix, la tête est représentée par le sanctuaire, les bras par les transepts, et les jambes par la grande nef; mais l'on remarque quelquefois une déviation dans l'axe du bâtiment pour exprimer, a-t-on dit, l'inclinaison de la tête et même des jambes du Sauveur. Cette déviation n'est pas à imiter, d'abord parce qu'il n'est pas bien certain qu'elle exprime l'idée mystique qu'on lui attribue, et ensuite parce qu'elle complique la construction sans motifs suffisants et que d'ailleurs elle peut compromettre la solidité de la voûte. La différence d'ouverture des arcades n'est pas non plus à imiter, à moins qu'elle ne soit nécessitée par la construction, comme cela a lieu souvent pour les raccordements des arcades des bas-côtés ambulatoires et pour les chapelles du rond-point du chevet. La différence trop sensible dans la forme et le style des deux tours du portail, dont l'une représente le pouvoir spirituel et l'autre le pouvoir temporel, ne nous paraît pas non plus devoir être imitée surtout comme l'a fait Servandoni, ou plutôt nous ne savons plus quel architecte après lui, à l'église moderne de St.-Sulpice. Il est fort probable que M. le curé, dont le zèle extraordinaire a en quelque sorte à lui seul édifié cette église, est le véritable auteur de cette malheureuse disposition. D'après nous, ces tours devraient être égales, du moins en hauteur, et ne pas indiquer la suprématie de l'un ou de l'autre pouvoir qui doivent être égaux, chacun en ce qui les concerne, mais indépendants l'un de l'autre.

Il y a aussi dans les monuments élevés du XIIIe. au XVIe. siècle des défauts de construction qu'il faut certainement éviter, tels que les angles aigus dans la coupe des pierres, surtout dans les claveaux des arcs et des voûtes; tels que les rapports des surfaces portantes pleines avec les surfaces vides qui rendent les murs et les piliers tantôt beaucoup trop massifs; tantôt beaucoup trop grêles pour les charges qu'ils doivent supporter (Voyez, sur ce point important, le chapitre 14 ci-après). Il faut aussi soigneusement éviter la liaison intime des murs entr'eux lorsqu'ils doivent supporter des charges trop différentes, comme les murs d'enceinte et les piliers sur lesquels portent quelquefois des tours gigantesques : ces murs étant alors beaucoup plus chargés sur un point que sur un autre, il en résulte un tassement inégal dans la maçonnerie qui produit des déchirements ou des lézardes qui entrainent presque toujours la ruine des édifices. Enfin, on ne doit pas imiter une foule d'irrégularités dans les proportions et l'ajustement de certains détails, afin de ne jamais exposer la solidité qu'il serait tout-à-fait déraisonnable de sacrifier à des idées mystiques, qui n'ont souvent été comprises que par leurs auteurs et qu'on a prises pour des caprices de leur imagination, faute de pouvoir les expliquer.

Faut-il conclure de tout ce que nous venons de dire qu'il convient d'adopter, dans les nouvelles constructions ogiviques, la disposition tout à la fois simple, régulière et symétrique des plans et des élévations de l'École moderne ? Assurément non. Il ne faut admettre que la régularité rigoureusement nécessaire à la solidité, à l'équilibre des masses, et non la symétrie des plans qui flatte l'œil sur un dessin géométrique, mais que l'œil ne peut plus saisir lorsque l'édifice est construit. Cette régularité, poussée trop loin, est incompatible avec la variété et la juste mesure des rapports nécessaires des diverses parties d'un édifice ; mais entre cette régularité froide, compassée et monotone qui dispose de la même manière des parties destinées à remplir des fonctions différentes, et cette irrégularité capricieuse et bizarre des châteaux élevés dans les XIVe., XVe. et XVIe. siècles, que véritablement rien ne motive, il y a une distinction importante à faire. En résumé, il faut que chaque partie d'un édifice soit disposée, pour l'usage auquel elle est destinée, et savoir combiner les unes avec les autres, sans disparité choquante dans les formes et les proportions, afin de les fondre dans l'harmonie de l'ensemble.

C'est là ce qui constitue l'art ; il ne s'agit pas de mettre simplement en accord les principes absolus de l'art, d'une manière rigoureuse et inflexible, comme cherche à le faire l'École moderne, sans pouvoir y parvenir, parce que la chose est véritablement impossible. On doit, sans doute, chercher à se rapprocher autant que possible de cette perfection idéale; mais, avant tout, il convient de satisfaire à toutes les conditions imposées par la destination d'un édifice : les principes doivent se plier à ces conditions, qui ne doivent pas être modifiées pour être soumises à l'absolutisme des principes. C'est ainsi que l'on obtiendra l'originalité du style des monuments, leur variété indéfinie et leur valeur réelle, lorsque toutes leurs parties seront parfaitement harmonisées entr'elles et avec l'ensemble.

Nous en avons assez dit pour que l'on puisse suppléer à ce qui manque dans ce chapitre ; on peut, d'ailleurs, consulter nos études sur le même sujet que nous avons souvent présenté, sous toutes les formes possibles, pour les faire plus aisément entrer dans l'esprit : cela nous a souvent obligé d'employer les mêmes expressions et les mêmes formes de style pour répéter les mêmes détails architectoniques. Que l'on nous pardonne ces répétitions, parce qu'elles sont nécessaires pour éviter les équivoques et rendre plus exactement la pensée fondamentale de cet ouvrage, qui consiste à expliquer l'art par la science, le sentiment et l'esprit par le raisonnement sur la forme de la matière, ou, en d'autres termes, l'esthétique par la technologie et réciproquement.

CHAPITRE X.

ESPRIT DE L'ART RELIGIEUX DU XIIIe. SIÈCLE. — LES CATHÉDRALES.

La dernière moitié du XIIe. siècle et la première moitié du XIIIe. fut l'époque de l'instauration d'un art nouveau, qui rompit avec toutes les traditions de l'art antique, conservé pendant huit siècles dans les couvents et les abbayes. Cet âge de progrès en toutes choses, qui vit la lutte du sacerdoce et de l'empire, les croisades et la reconstruction de nos cathédrales sur un plan mystérieusement sublime, fut aussi celui de l'établissement légal et régulier des communes et des corporations qui, jusqu'alors, avait été dans la hiérarchie ecclésiastique. Les laïques commencèrent à compter pour quelque chose dans l'administration du pays, et le droit public se modifia relativement au pouvoir temporel des papes sur les rois; mais la société, empreinte du génie chrétien, conserva religieusement l'obéissance la plus entière à leur pouvoir spirituel. Aussi ne vit-on jamais dans le monde une plus grande foi et un amour aussi ardent pour la religion, avec un plus grand respect pour ses ministres, tout en leur contestant certaines attributions sur le temporel dont les us et les coutumes les avaient investis. Chose admirable et digne de servir d'exemple à toutes les générations! ce siècle sut allier la piété avec la résistance à ce qui paraissait être un empiétement du clergé, et saint Louis, l'ami de Dieu et des hommes, était la tête et le cœur de cette société qui est l'expression la plus brillante et la plus pure du génie catholique.

Ce génie fécond, si étrangement méconnu de nos jours, s'affranchit tout d'abord de l'art matériel des anciens pour lui substituer un art tout spirituel. Sous sa main, dit M. l'abbé Bourrassé, « la matière semble prendre des ailes et, comme une prière, monter vers le ciel; les colonnes, débarrassées du poids de l'entablement, s'élancent et s'épanouissent en nervures sous les voûtes qu'elles supportent et qu'elles lancent hardiment à de grandes hauteurs; les murailles semblent délivrées des lois ordinaires de la pesanteur, tant elles sont légères et transparentes. »

L'auteur de l'*Histoire de sainte Élisabeth de Hongrie*, ouvrage inspiré par ce même génie catholique, s'écrie plein d'admiration : « Il semble que cet immense mouvement des âmes que représentent saint Dominique, saint François et saint Louis, ne pouvait avoir d'autre expression que ces gigantesques cathédrales qui paraissent vouloir porter jusqu'au ciel, au sommet de leurs tours et de leurs flèches, l'hommage universel de l'amour et de la foi victorieuse des chrétiens. Les vastes basiliques des siècles précédents leur paraissent trop nues, trop lourdes, trop vides, pour les nouvelles émotions de leur piété pour l'élan rajeuni de leur foi. Il faut à cette vive flamme de la foi le moyen de se transformer en pierre et de se léguer ainsi à la postérité. Il faut aux pontifes et aux architectes quelque combinaison nouvelle qui se prête et s'adapte à toutes les nouvelles richesses de l'esprit catholique ; ils la trouvent en suivant ces colonnes qui s'élèvent vis-à-vis l'une de l'autre dans la basilique chrétienne, comme des prières qui, en se rencontrant devant Dieu, s'inclinent et s'embrassent comme des sœurs : dans cet embrassement se trouve l'ogive.

« Par son apparition, qui ne devient un fait général qu'au XIIIe. siècle, tout est modifié, non pas dans le sens intime et mystérieux des édifices religieux, mais dans leur forme extérieure. Au lieu de s'étendre sur la terre, comme de vastes toitures destinées à abriter les fidèles, il faut que tout jaillisse et s'élance vers le Très-Haut. La ligne horizontale disparaît peu à peu, tant l'idée de l'élévation, de la tendance au ciel domine. A dater de ce moment, plus de cryptes, plus d'églises souterraines : la pensée chrétienne, qui n'a rien à craindre, se produira tout entière au grand jour. Dieu ne veut plus que son cher peuple se rassemble, d'une manière timide et honteuse, dans des trous et des cavernes. Comme il a voulu donner tout son sang pour Dieu dans les croisades, ce cher peuple veut maintenant donner toutes ses fatigues, toute son imagination, toute sa poésie, pour qu'on fasse à ce même Dieu des palais dignes de lui. D'innombrables beautés fleurissent de toutes parts dans cette germination de la terre fécondée par le catholicisme, et qui semble reproduite dans chaque église par la merveilleuse végétation des chapiteaux, des clochetons et des fenêtrages. »

Tout brille dans cette architecture d'un éclat jusqu'alors inconnu ; le jour étincelle dans les vitraux et se modère peu à peu dans le clair obscur mystérieux des galeries et dans les détails, qui se multiplient à l'infini. Cependant, tant de beautés ont été oubliées pendant trois siècles ; les monuments ont été décharnés, leurs os ont été dispersés, et le petit nombre de ceux qui nous restent encore n'ont été épargnés que par la fatigue du marteau des démolisseurs !

Au commencement de ce siècle, aucun des admirables effets de cet art n'avait encore été remarqué ; on croyait qu'il n'était qu'une œuvre des temps barbares, et personne ne daignait l'étudier. Cependant, l'illustre auteur du *Génie du Christianisme* ne pouvait garder le silence sur ces mystérieuses productions du génie catholique, et s'il ne nous les fit pas connaître sous le rapport de l'art proprement dit, il réfléchit du moins sur nous leur esprit religieux et poétique. Châteaubriand vit, dans les piliers d'où partent les nervures des voûtes et dans leur croisement entr'elles, une imitation des arbres des forêts, et il a décrit cette impression avec la même vigueur de pinceau que celle des forêts vierges de l'Amérique, dont il nous a laissé un si brillant tableau.

« Les forêts des Gaules, dit-il, ont passé à leur tour dans les temples de nos pères, et nos bois de chêne ont ainsi maintenu leur origine sacrée. Ces voûtes ciselées en feuillages, ces jambages qui appuient les murs et finissent brusquement comme des troncs brisés, la fraîcheur des voûtes, les ténèbres du sanctuaire, les ailes obscures, les passages secrets, les portes abaissées, tout retrace les labyrinthes des bois dans les églises gothiques ; tout en fait sentir la religieuse horreur, les mystères et la divinité. Les deux tours élevées, plantées à l'entrée de l'édifice, surmontent les ormes et les ifs du cimetière, et font un effet pittoresque sur l'azur du ciel. Tantôt le jour naissant illumine leurs têtes jumelles, tantôt elles paraissent couronnées d'un chapiteau de nuages ou grossies dans une atmosphère vaporeuse. Les oiseaux eux-mêmes semblent s'y méprendre et les adopter pour les arbres de leurs forêts : des corneilles voltigent autour de leurs faîtes et se perchent sur leurs galeries. Mais tout à coup des rumeurs confuses s'échappent de la cîme de ces tours et en chassent les animaux effrayés. L'architecte chrétien, non content de bâtir des forêts, a voulu, pour ainsi dire, en imiter les murmures, et, au moyen de l'orgue et de la cloche, il a attaché au temple gothique jusqu'au bruit des vents et des tonnerres, qui roulent dans la profondeur des bois. Les siècles, évoqués par ces sons religieux, font sortir leur antique voix du sein des pierres et soupirent dans la vaste basilique; le sanctuaire mugit comme l'antre de l'ancienne Sybille, et, tandis que l'airain se balance avec fracas sur votre tête, les souterrains voûtés de la mort se taisent profondément sous vos pieds. »

Cet esprit grave, austère, religieux tient notre âme en adoration devant Dieu. M. D. Ramée a bien exprimé ce sentiment par ces paroles touchantes: « Avez-vous jamais assisté, avec l'innocence de l'enfant dans le cœur et l'esprit, à ces augustes et imposantes cérémonies de l'Église, lorsque le sanctuaire est inondé de la foule des chrétiens, lorsque les rayons du soleil, pénétrant à travers ces vitraux de mille couleurs, viennent jouer dans la nef et le chœur, en répandant un jour mystérieux dans l'enceinte, qui ressemble à ce qu'il y a d'inexplicable dans la religion, lorsque la voix du peuple et celle de l'orgue glissent en ondulant le long des colonnettes et des voûtes. Si vous n'avez pas été ému, si votre âme n'a pas senti des joies célestes que rien ne peut dépeindre, que rien ne peut décrire, vous n'êtes point organisé pour sentir l'effet des beaux-arts, le résultat des efforts longs et pénibles de l'artiste en lutte avec les productions du Créateur. »

Il est véritablement impossible de ne pas être impressionné par ces œuvres colossales du génie chrétien, et l'Académie des Beaux-Arts, qui n'est pas d'avis qu'on les imite, ne peut toutefois s'empêcher de les admirer. Aussi a-t-elle dit : « Ces édifices, dont les plus parfaits rappellent l'un des plus grands siècles de notre histoire, celui de Philippe-Auguste et de saint Louis, captivent au plus haut degré le sentiment religieux; ils élèvent, à l'aspect de leurs voûtes sublimes, la pensée chrétienne vers le ciel; ils plaisent à l'imagination, ils agissent même sur les sens par l'effet de leurs brillants vitraux, où tous les mystères de l'Église se montrent étincelants de l'éclat des plus vives couleurs, et ils réalisent ainsi, à l'œil et à l'esprit, l'image de cette Jérusalem céleste vers laquelle aspire la foi du chrétien. A ne les juger que par les impressions qu'elles produisent, impressions toutes de respect, de recueillement et de piété, les églises gothiques charment et touchent profondément, et c'est vainement que la froide et sévère raison s'efforce de détruire un effet qui s'adresse au goût et au sentiment. »

Cependant, après de semblables aveux, l'Académie royale des Beaux-Arts ne conseille pas d'imiter un genre d'architecture capable de produire de telles impressions et de tels effets. Mais il est évident que l'Académie a entendu blâmer une imitation servile et purement matérielle et non l'esprit des formes et des proportions qui, au contraire, peut être imité avec succès; car une église élevée dans ce style élancé pourrait ne pas ressembler autant à Notre-Dame de Paris, par exemple, que la Madeleine ressemble au temple de la Paix de l'antique Rome, dont elle n'est au fait que la copie, à l'exception des peintures qui sont chrétiennes par le sujet, mais dont l'esprit ne réfléchit cependant pas l'auréole de la sainteté. Il manque quelque chose à ce temple magnifique; il parle bien à l'intelligence, mais il ne dit rien au cœur : il lui manque le sentiment religieux que l'on éprouve toujours dans l'église gothique, même la plus simple et la plus dépourvue des richesses de l'art.

Le caractère moral domine l'architecture gothique dans son ensemble, comme dans ses détails : « Le dôme, qui se change en clocher dans la plupart de nos églises, donne à nos hameaux et à nos villes un caractère moral que ne pouvaient avoir les cités antiques. Les yeux du voyageur viennent d'abord s'attacher sur cette flèche religieuse, dont l'aspect réveille une foule de sentiments et de souvenirs : c'est la pyramide funèbre autour de laquelle dorment les aïeux; c'est le monument de joie où l'airain sacré annonce la vie du fidèle; c'est là que les époux s'unissent; c'est là que les chrétiens se prosternent au pied des autels : le faible pour prier le Dieu de force, le coupable pour implorer le Dieu de miséricorde, l'innocent pour chanter le Dieu de bonté. Un paysage paraît-il nu, triste, désert, placez-y un clocher champêtre, à l'instant tout va s'animer : les douces idées de pasteur et de troupeau, d'asile pour le voyageur, d'aumône pour le pélerin, d'hospitalité et de fraternité chrétienne, vont naître de toutes parts. »

Ces simples paroles de Châteaubriand réfléchissent toute la civilisation chrétienne et vont droit au cœur. Admirable auteur, un éclair de ton génie religieux nous fait deviner les mystérieuses sublimités de l'art.

En ne considérant même que l'extérieur et en jetant seulement un regard sur l'ensemble de ces monuments, nous les voyons s'élancer du sol d'un seul jet et se détacher sur le ciel en découpures aiguës, comme les pics étincelants des montagnes que le soleil diamante de rubis et de saphirs. Quoi de plus pittoresque et de plus saisissant que ces aiguilles de pierre, si délicatement ouvragées et qui marquaient les points principaux d'une grande cité du moyen-âge ; les nombreuses tours, de proportions et de formes variées, couronnées de flèches aiguës percées à jour comme de la dentelle, et qui, semblables à d'énormes instruments de musique, laissaient échapper dans les airs les cris puissants ou plaintifs de leurs mille cloches ! Nous avons perdu le véritable sens de cette harmonie religieuse, sans cesse retentissante sur les cités pour les réveiller, leur annoncer la prière, l'événement du jour, les réjouissances de la fête, les joies de la famille ou les tristesses de la mort. Nous ne comprenons plus l'art poétique de ces âges de persévérance et de foi ; nous l'avons remplacé par le doute et l'indifférence en toutes choses ; voilà les causes réelles du désenchantement de la vie de notre époque, trop absorbée par la matière pour apprécier les jouissances de l'esprit et de l'art.

Le génie de Victor Hugo, en passant à vol d'oiseau sur le Paris ancien, nous l'a montré, tel qu'il était au XVe. siècle, brillant des plus vives couleurs, en se détachant sur l'azur des cieux. Pourquoi cet ange de la pensée a-t-il abandonné le ciel pour ramper sur la fange infecte de la terre, où se débattent toutes les corruptions et toutes les misères ? Au lieu d'être le soutien et l'ami des pauvres, il a préféré être le roi des misérables, il a voulu émouvoir par le raffinement du crime, au lieu de chercher l'amélioration de l'homme par le concert aimable de toutes les vertus sociales. Pauvre Victor, tu as succombé à la tentation du premier homme, et, malgré ta force, tu n'as pu résister; tu as renié ton cher Maître, qui t'avait nommé l'enfant sublime du génie. Pauvre ami, écoute ma prière, il en est temps encore; relève-toi, étends tes ailes azurées et remonte au ciel pour chanter avec les anges de Dieu. Je te donne le squelette de l'art, donne-lui la chair, le sang et la vie : fais-le renaître plus brillant que jamais de l'esprit de Dieu.

Quelle différence de l'aspect pittoresque de l'ancien Paris avec le Paris actuel, rasé comme une forteresse ou comme une ville détruite par un siége qui aurait été relevée à la hâte et ne présentant plus qu'une perspective uniforme, monotone et grisâtre de tuiles et de cheminées sans fin, où la vue erre, comme au hasard, sans trouver assez de points pour se reposer et nous rappeler des idées morales ! Peut-on trouver, dans cet amas incohérent de constructions, l'art qui élève la pensée, ou plutôt ne serait-ce pas le grand cimetière de l'art de toutes les époques de notre histoire ? Et cependant, tout le monde est dans l'admiration de Paris, tel qu'il est, sans se douter de ce qu'il pourrait être et de ce qu'il deviendra nécessairement un jour, non-seulement au point de vue de l'art matériel, qui enfantera des merveilles dans l'avenir, mais encore au point de vue du progrès moral. Paris, arrête-toi : cesse d'adorer le veau d'or ; sois digne de la France entière, qui te regarde et qui espère. Qui déchirera le voile mystérieux qui nous cache les vérités supérieures sans lesquelles nous ne pouvons être heureux dans le présent ni dans l'avenir ? La porte de la vérité, la porte de Dieu, est toujours ouverte à tous ceux qui le reconnaissent : ils n'ont qu'à pénétrer dans le sanctuaire pour être inondés des clartés d'une vie nouvelle.

Il y a tant de choses à remarquer dans les cathédrales du XIIIe. siècle, que nous ne pouvons nous empêcher de revenir encore sur les harmonies intérieures de ces admirables monuments, et, après avoir cité les principaux auteurs qui en ont parlé, nous devons résumer leur pensée et la compléter sous le rapport de l'art. Lorsqu'un homme, doué du sentiment du beau, entre pour la première fois dans une de nos grandes cathédrales, il éprouve une impression dont il ne peut se rendre compte : ce qui le frappe d'abord, c'est la variété et la légèreté de l'ensemble, l'élancement des piliers, la hauteur prodigieuse des voûtes. Nous avons connu un ingénieur distingué qui estimait la hauteur de la nef de la cathédrale de Bourges à près du double de ce qu'elle est, et, chose plus étonnante encore, il croyait qu'elle devait être à peu près égale à quatre fois et demie la largeur de la grande nef, tandis qu'elle n'est que de trois fois cette largeur. Cette double erreur de vision, de la part d'un ingénieur habitué à comparer les dimensions entr'elles, démontre que l'art ogivique trompe les sens, en exaltant l'imagination qui exagère ou embellit tout ce qui la frappe fortement.

Dans cet état d'exaltation, l'âme seule nous domine et s'élève en suivant le faisceau de colonnettes qui s'élancent depuis le pavé, d'où elles paraissent jaillir, sans que rien vienne les arrêter, jusqu'à la naissance de la voûte : semblables à des troncs d'arbres, des branches se bifurquent et se séparent à ce point, dans diverses directions, pour former des arêtes ou nervures qui continuent de suivre le même élan jusque dans les enfoncements aigus du sommet. Une pensée intérieure nous dit de monter encore, que tout ne finit pas là : l'âme monte ainsi vers le ciel, en perçant les voûtes, comme la voix de la prière, comme les chants religieux que les anges portent à l'Éternel, et nous éprouvons un ravissement d'amour ineffable, nous restons éblouis, immobiles, quelquefois dans l'extase et toujours dans l'admiration.

Comment l'arrangement matériel de ces pierres peut-il produire de semblables impressions? C'est l'esprit de Dieu qui a conduit l'intelligence et le marteau des ouvriers qui ont élevé ces monuments, et, malgré notre affaissement religieux, ils parlent encore après tant de siècles à nos cœurs attendris. Cet effet prodigieux, que l'on pourrait appeler l'exaltation des hauteurs, caractérise essentiellement cette architecture et n'appartient qu'à elle seule; ce qui doit la faire préférer à tous les autres genres pour la construction des églises. Cet effet peut encore s'expliquer par la multitude de divisions et de détails que l'œil ne peut saisir ni compter instantanément, par les grandes ouvertures semblables à des murailles transparentes, ouvragées comme de la dentelle de pierre resplendissante de la lumière des vitraux, rayonnant les anges et les saints environnés de fleurs, et reflétant toutes les couleurs de l'arc-en-ciel. L'esprit, saisi par tant de beautés à la fois, reste suspendu entre le ciel et la terre, il éprouve des sensations qui n'ont assurément rien de matériel et que la raison humaine ne sait comment expliquer.

Hommes tièdes dans la foi de vos pères, nous nous adressons à vous : dites-nous franchement si le plus magnifique temple des Grecs ou des Romains, malgré la beauté régulière de sa forme, la perfection et le fini de ses détails, a jamais pu ainsi affecter votre âme! Le Parthenon d'Athènes et le Panthéon de Rome sont assurément des monuments admirables au point de vue matériel; mais ont-ils la puissance d'exprimer des idées morales comme les monuments chrétiens?

Comment s'est-il fait que les hommes éclairés de l'époque qui finit aient été si indifférents sur ces œuvres de génie de nos pères, et si enthousiastes sur celles des Grecs et des Romains, conçues d'après des principes entièrement différents? Cela ne peut s'expliquer que par l'introduction des idées païennes dans notre société chrétienne, et aussitôt l'art a dû se mettre en accord avec elles et devenir païen. Prenons-y garde : nous avons glissé et nous glissons encore sur une pente qui nous conduit au panthéisme. Laissons dormir les Grecs et les Romains : ces peuples sont bien morts et ne peuvent plus ressusciter ; faisons de l'art en harmonie avec nos besoins, nos mœurs et notre génie national ; suivons l'esprit du maître éminent qui a si admirablement restauré nos cathédrales, et nous arriverons à créer de nouveaux chefs-d'œuvre.

S'il vous reste encore quelques doutes sur la beauté de l'art du XIIIe. siècle, allez visiter la basilique d'Amiens; entrez seul, les yeux fermés ; faites quelques pas et, après un instant de méditation, levez la tête, ouvrez les yeux et vous expliquerez, si vous le pouvez, l'impression que vous aurez éprouvée. Dans cette situation, vous croirez être en présence des œuvres de Dieu ; l'idée de la matière et de l'ouvrier ne vous viendra pas à l'esprit : vous serez absorbé par le sentiment de l'infini, vous resterez immobile, plein d'admiration et de l'esprit divin si vous êtes chrétien. Ces impressions n'ont rien de surnaturel, et personne n'est assez dépourvu de l'instinct de l'art pour ne pas les éprouver plus ou moins fortement. Ne serait-ce pas faire injure à un chrétien, même fort ignorant, que de l'accuser de préférer la beauté intérieure de St.-Sulpice ou de St.-Roch à celle de Notre-Dame d'Amiens ? Celui qui, en fait d'art, vous dit froidement : chacun a son goût, comme lorsqu'il s'agit d'un habit à la mode, n'est pas organisé pour sentir le beau idéal ; ou les préjugés du siècle et de l'esprit de parti lui ont fait perdre le sens moral qui le devine toujours.

L'histoire du moyen-âge a été comme oubliée pendant trois siècles : il était devenu de mode de ne s'occuper que des Grecs et des Romains ; on confondait avec les barbares les peuples du IVe. au XVe. siècle, qui pourtant ont constitué l'Europe et fini par faire prévaloir la civilisation de l'Occident sur celle de l'Orient. En étudiant profondément ce sujet plein de graves enseignements, on a d'abord reconnu la supériorité du XIIIe. siècle qui a élevé en si peu de temps toutes nos grandes cathédrales, et ce progrès manifeste dans l'art devait faire pressentir tous les autres. C'est, en effet, l'époque d'une agrégation extraordinaire de génies dans tous les genres : dans l'Église brillent Innocent III, saint François-d'Assise, saint Dominique, saint Thomas-d'Aquin, Jean Gerson ; sur le trône, Philippe-Auguste, Louis IX, Alphonse-le-Savant ; dans les lettres, Vincent de Beauvais, Guillaume de Lorris, Albert-le-Grand, Le Dante ; dans les arts, les constructeurs des cathédrales, Pierre de Montereau, Eudes de Montreil, Jean de Chelles, Robert de Luzarches, Robert de Coucy, Arnolfo di Lapo, Erwin de Steinbach. Il y a dans le mouvement intellectuel de ce siècle une grandeur, une indépendance, une originalité, une sève artistique, quelque chose enfin qui étonne et que notre esprit façonné à la centralisation moderne ne peut plus bien concevoir.

Donnez au XIIIe. siècle les moyens matériels d'exécution du nôtre, et vous aurez la mesure de la puissance de son génie. Sa foi supplée à tout ce qui lui manque, et sans autres ressources que la bonne volonté des fidèles dans chaque localité, ce siècle a osé entreprendre des monuments gigantesques dont l'exécution effraierait aujourd'hui notre civilisation savante ; et si nous pouvions ajouter l'esprit religieux du XIIIe. siècle à nos progrès matériels, nous serions véritablement un peuple de géants. « Toutes ces œuvres colossales, dit l'abbé Bourrassé, étaient entreprises et menées à fin par une seule ville et même par un chapitre, tandis que les plus puissants royaumes d'aujourd'hui sont hors d'état, avec toute leur fiscalité, d'achever celles qui sont demeurées inachevées. »

C'est ainsi que se sont élevés, comme par enchantement, ces temples mystérieux comme la religion dont ils sont les symboles, et qui étonnent notre époque sans croyance : l'église de Salisbury en 1220, la façade de Notre-Dame de Paris en 1223, Ste.-Gudule de Bruxelles en 1226, la cathédrale d'York en 1227, la cathédrale d'Amiens en 1228, les cathédrales de Burgos et de Tolède en 1228, la cathédrale de Reims en 1232, l'immense cathédrale de Cologne en 1246, l'abbaye de Westminster en 1247, le chœur de la cathédrale de Beauvais en 1250, l'achèvement, en 1260, de la cathédrale de Chartres qui avait été commencée en 1194. — Tous ces monuments s'élevaient à la fois, sans compter une quantité innombrable d'églises paroissiales que l'on bâtissait en même temps sur toute la surface de la France et de l'Europe ! Ce mouvement artistique et chrétien est véritablement prodigieux. Les populations de nos jours, abandonnées à leur seule impulsion et sans l'assistance du gouvernement central, seraient-elles en état d'édifier en si peu de temps un si grand nombre de merveilles ? Personne, assurément, n'oserait l'affirmer. Et que leur manque-t-il donc pour atteindre et même pour surpasser les travaux du XIIIe. siècle? Il leur manque seulement l'esprit d'unité, d'union et d'ensemble que la foi communique et qui fait agir les peuples comme un seul homme. La foi altérée, l'esprit public se meurt, il n'y a plus d'art.

L'art du XIIIe. siècle a parfaitement réfléchi les mœurs de son temps; il a peint la société avec des caractères de pierre, que chacun savait alors lire et que le peuple ne sait plus comprendre aujourd'hui : triste retour des choses d'ici-bas, l'iconographie chrétienne, imaginée pour les illettrés, n'est plus comprise que par les savants. C'est ainsi que la langue idéologique antédiluvienne avait peut-être plus de puissance que les langues alphabétiques pour peindre la pensée dans l'esprit et pour l'y fixer avec plus de précision. « Cette époque est le règne de Jésus-Christ en Europe, puisque tout y était chrétien. Albert-le-Grand, saint Anselme, saint Thomas-d'Aquin venaient de construire la science universelle sur des plans qui étonneront encore l'esprit humain, quand il pourra consentir à rentrer dans les voies de la vérité absolue. Plus de cent mille artistes, dans le seul territoire de la France, faisaient redire à la pierre les merveilles de la religion et portaient l'image du Christ jusqu'au milieu des airs. Les lettres n'avaient de voix que pour la religion; la législation était tout imprégnée des principes de sa morale, et pour qui pouvait s'élever un peu haut, le monde lui apparaissait avec une physionomie toute chrétienne: on eût dit que la grande figure du Christ montant au ciel se reflétait encore sur la terre d'Europe. »

Cette grande époque aurait pu être comme le phare du salut du monde, par l'établissement d'une grande fédération européenne, puisque tous les peuples avaient alors la même croyance, les mêmes idées, le même art et parlaient à peu près le même langage. Que de malheurs que de flots de sang eussent été évités, si cette puissante fédération s'était établie et fût parvenue à concilier l'unité religieuse avec l'unité civile et politique!

Malheureusement un si admirable début dans une nouvelle phase de la civilisation passa comme un météore à l'horizon de l'Europe; l'unité religieuse ne put se maintenir dans sa pureté; de nombreux abus s'introduisirent, les diverses nationalités commencèrent à se former et l'esprit de doute à se produire. Ce germe devait peu à peu se développer et finir par troubler la croyance universelle par la division des esprits, qui amena naturellement la séparation des nations. Qui donc pourra les réunir, en nous sauvant des erreurs du passé et en assurant le véritable progrès de l'avenir?

En morale, rien n'est nouveau sous le soleil. Dieu veuille nous éclairer pour que nous ne tombions pas dans les mêmes erreurs du passé; faisons taire les passions et les préjugés qui nous aveuglent, pour mieux comprendre les vrais intérêts des peuples, et ne les laissons plus s'abîmer dans des révolutions incessantes; montrons-leur le progrès qui assure la prospérité et la moralité publiques; montrons-leur la religion et l'autorité comme l'arche d'alliance et de salut des peuples civilisés: sachons tous nous entendre, grands et petits, pour faire le bien de tous.

DEUXIÈME PARTIE.

TECHNOLOGIE.

CHAPITRE XI.

THÉORIE HARMONIQUE DES PROPORTIONS.

En toutes choses, il y a une limite en-deçà et au-delà de laquelle rien n'est bien : « Est modus in rebus. » La théorie des proportions doit, par conséquent, s'appuyer sur le calcul des limites, et nous devons d'abord prévenir le lecteur de porter la plus grande attention sur les rapports qui ne peuvent être exprimés que par des nombres. C'est le seul moyen de comprendre la théorie que nous cherchons à établir, et d'arriver par elle à la solution de la haute question qui fait l'objet de cet ouvrage.

Certains édifices doivent être très-solides, très-lourds et peu ornés, tandis que d'autres exigent plus de légèreté, de délicatesse et de grâce, et d'autres plus de majesté, de grandeur et de magnificence. Il est d'abord évident qu'entre les deux extrêmes, la lourdeur et la légèreté, il peut y avoir un plus ou moins grand nombre de moyens intermédiaires ; mais, avant de nous occuper du nombre de ces moyens, il faut déterminer le module devant servir de commune mesure à toutes les proportions.

Le plan horizontal, ou la section du pilier, devant être varié dans sa forme, on conçoit que sa largeur apparente peut être plus ou moins grande pour la même section de pilier et, par conséquent, cette largeur variable ne peut pas servir de module. Nous sommes donc conduit à calculer le diamètre d'un cercle équivalent à la section même du pilier, quelle que soit la forme de son plan, et à prendre ce diamètre pour le module auquel nous rapporterons toutes les proportions.

Le module ou diamètre, toujours déterminé par le calcul, pourra être divisé en dix parties, et chacune de ces parties en quarts, afin de prendre plus facilement les mesures à l'œil et au compas. Le module contiendra ainsi 40 parties, dont chacune sera égale à 1/10 près aux parties du module de Vignole, comme nous l'avons déjà dit chapitre VI, règles des cinq ordres des anciens. Pour plus de simplicité encore, on peut aussi diviser le module ou diamètre en quarts et en huitièmes, comme nous l'avons fait pour les tableaux des proportions des arcades ci-après :

Faisons d'abord remarquer, ce qui a échappé à tous les faiseurs de vignoles modernes, que l'espacement entre axes des piliers doit aussi avoir ses limites, qui doivent naturellement varier par deux raisons capitales : 1°. à cause du degré de solidité, ou de la résistance des points d'appui, qui tient à la nature des matériaux que l'on est dans la nécessité d'employer ; 2°. à cause de la dimension plus ou moins large du pilier, qui rendrait l'ouverture contiguë trop étroite lorsque cette dimension serait très-petite, et réciproquement, qui la rendrait trop large lorsque le diamètre du pilier serait très-grand.

En étudiant graphiquement la limite la plus convenable de cet espacement, on trouve qu'elle doit être comprise entre les deux extrêmes de 4 et de 6 diamètres, dont la moyenne est de 5 diamètres entre axes. Nous aurions donc trois ordres distincts d'espacement, 4, 5 et 6 diamètres entre axes ; mais, si l'on veut intercaler trois moyens proportionnels entre les deux extrêmes, nous aurons cinq ordres d'espacement variant par 1/2 diamètre, savoir :

4, — 4 1/2, — 5, — 5 1/2 et 6 diamètres entre axes.

Nous pensons que l'on pourrait se borner aux trois espacements 4, 5 et 6 diamètres, et même dans le plus grand nombre de cas à un seul : celui de 5 diamètres, cet espacement donnant les plus belles proportions entre les pleins et les vides, comme il est facile de s'en rendre compte graphiquement, en traçant une suite de piliers reliés par des arcs et non par des plates-bandes, les espacements entre axes devant alors être plus étroits, comme on peut le voir sur le tableau du chapitre VI, où nous les avons fixés, d'après les monuments antiques, à

4, — 3,60, — 3,20, — 2,80 et 2,50 diamètres entre axes.

Ces préliminaires posés, établissons une suite de piliers équidistants, espacés de 5 diamètres entre axes, donnons à chaque pilier 4 diamètres de hauteur, et relions-les entre eux par des arcs en plein-cintre pour former une suite continue d'arcades.

Voilà le point de départ, l'extrême *minima* de hauteur d'arcade, dont le pilier a 4 diamètres, et la montée de l'arc en plein-cintre 2 diamètres, puisque l'ouverture est de 4 diamètres, total de la hauteur de l'arcade, 6 diamètres: ce qui donne, pour le rapport de la hauteur, 1 fois 1/2 la largeur de l'ouverture.

Fixons maintenant l'autre extrême *maxima* de hauteur d'arcade, prolongeons la hauteur des piliers, en conservant bien entendu, le même espacement, jusqu'à 8 1/2 diamètres ; nous verrons d'abord que, si nous relions les piliers par des arcs en plein-cintre avec cette proportion élancée, l'effet sera moins satisfaisant que si nous les relions avec des arcs surhaussés en ogive. D'après cette observation, qui découle tout naturellement de l'augmentation de hauteur pour une même largeur, relions les piliers par des arcs en ogive dont le rayon soit égal à l'ouverture, ce qui donnera une montée aux arcs de 3 1/2 diamètres à très-peu près.

Voilà l'autre extrême *maxima* de hauteur, dont le pilier aura 8 1/2 diamètres ; la montée de l'arc en ogive étant de 3 1/2, la hauteur totale de l'arcade sera de 12 diamètres ou de trois fois son ouverture ; c'est l'extrême limite où il convient de s'arrêter, comme nous le verrons plus tard dans les applications.

Si nous prenons un moyen proportionnel entre ces deux extrêmes *minima* et *maxima*, nous aurons un pilier dont la hauteur sera $\frac{4+8\,1/2}{2}=6\,1/2$ diamètres; la montée de l'arc sera $\frac{2+3\,1/2}{2}=2\,3/4$ diamètres : ce qui portera la hauteur totale de l'arcade à 9 diamètres, ou à 2 fois 1/4 son ouverture

Cette proportion est celle que l'on emploie le plus généralement pour les arcades des églises modernes, excepté que les piliers sont beaucoup plus lourds, car ils ont le plus souvent pour épaisseur le 1/3 de l'ouverture, tandis que nous ne leur donnons que le 1/4 avec l'espacement de 5 diamètres entre axes. Du reste, nous n'adopterons pas plus cette proportion de 9 diamètres que toute autre comprise entre les deux extrêmes de hauteur minima et maxima : nous laissons le choix entièrement libre, parce qu'il peut et qu'il doit même varier, suivant la convenance de l'édifice que l'on se propose d'élever.

Remarquons bien, toutefois, que la différence en hauteur de l'arcade entre les deux extrêmes, 6 et 12 diamètres, étant de 6 diamètres, c'est-à-dire que la hauteur maxima est exactement le double de la hauteur minima, on peut toujours intercaler un plus ou moins grand nombre de moyens proportionnels intermédiaires. Si, par exemple, nous divisons cette différence de 6 diamètres en 4 parties égales, nous aurons 5 ordres différents de proportions variant chacun de 1 1/2 diamètre, savoir :

6, — 7 1/2, — 9, — 10 1/2 et 12 diamètres de hauteur d'arcade.

Si nous divisons cette même différence en 6 parties, au lieu de la diviser en 4, nous aurons 7 ordres différents de proportion variant chacun de 1 diamètre, savoir :

6, — 7, — 8, — 9, — 10, — 11, et 12 diamètres de hauteur d'arcade.

Si nous divisons cette même différence en 12 parties au lieu de la diviser en 4 ou en 6, nous aurons 13 ordres différents de proportion variant chacun de 1/2 diamètre, savoir :

6, — 6 1/2, — 7, — 7 1/2, — 8, — 8 1/2, — 9, — 9 1/2, — 10, — 10 1/2, 11, — 11 1/2 et 12 diamètres.

On peut donc intercaler à volonté un nombre plus ou moins grand de moyens proportionnels, et varier les proportions des ordres indéfiniment. Mais ce serait, selon nous, une faute: il convient au contraire de limiter et même de restreindre le nombre des ordres pour la facilité des études, et surtout pour mieux les distinguer entr'eux et leur donner un caractère plus net et plus tranché. En entrant dans ces détails, notre but est de démontrer *ex-professo* que toutes les proportions possibles peuvent être employées et appliquées par des règles fixes à tous les genres d'architecture; mais qu'il est convenable de les renfermer dans une limite raisonnable pour ne pas se perdre dans le vague de l'indéfini.

La théorie des proportions n'a jamais été nettement exposée, par conséquent elle n'a jamais été bien comprise, et après tant de systèmes indéterminés, elle est encore à faire. Cependant, chacun de nous arrive par tâtonnements, à force de travail et de peine, et en quelque sorte par instinct, à trouver les proportions les plus convenables; or, si l'on réfléchit sérieusement comment nous y parvenons, on verra que c'est justement par la même théorie que nous présentons et que nous appliquons sans nous en douter. Nous n'inventons pas cette théorie harmonique des proportions, puisqu'elle existe par elle-même de toute éternité: *non nova, sed novè;* nous la faisons seulement remarquer, nous la mettons simplement en lumière et nous la recommandons par ce motif avec d'autant plus de confiance aux artistes. Ils n'ont qu'à l'appliquer et ils seront étonnés de la promptitude de leurs travaux, de la facilité de leurs études, et de leurs propres succès dans tous les genres; nous ne leur demandons qu'une seule chose qu'ils auraient assurément tort de nous refuser: c'est d'essayer d'abord pratiquement et de discuter ensuite, non sur des idées métaphysiques qui tombent le plus souvent dans un puits, mais sur des faits nombrés et sur des plans graphiques qui parlent tout à la fois à l'esprit et aux yeux.

Pour ne pas changer les habitudes et nous faire mieux comprendre, nous adopterons seulement trois ordres principaux de proportions, ou, si l'on veut, les cinq ordres consacrés par l'usage. Nous aurons ainsi cinq ordres de proportions d'arcades, savoir :

1er. ordre, que nous appellerons solide, de 6 diam. de haut. d'arc.
2e. ordre, — moyen solide, de 7 1/2 diamètres.
3e. ordre, — moyen, de 9 diamètres.
4e. ordre, — moyen élancé, de 10 1/2 diamètres.
5e. ordre, — élancé, de 12 diamètres.

Avec ces données, nous composerons le tableau des proportions harmoniques de l'art normal comme suit :

Tableau A. — *Calculé en diamètres de piliers pour des espacements entre axes de 5 diamètres.*

ORDRES.	Entre axes des piliers.	Ouverture de l'arcade.	Archivolte ou baies inclinées.	Hauteur du pilier.	Hauteur de l'arc.	Hauteur totale de l'arcade.	Rapport de l'ouverture à la hauteur.
1 Solide.	5	4	2/8	4	2	6	1 4/8
2 Moyen solide.	5	4	2/8 à 3/8	5 1/8	2 3/8	7 4/8	1 7/8
3 Moyen.	5	4	3/8	6 2/8	2 6/8	9	2 2/8
4 Moyen élancé.	5	4	3/8 à 4/8	7 3/8	3 1/8	10 4/8	2 5/8
5 Élancé.	5	4	4/8	8 4/8	3 4/8	12	3

Ce tableau est calculé pour des entre axes de 5 diamètres; mais nous venons de voir qu'ils peuvent varier depuis 4 diamètres (pour les plus grandes dimensions) jusqu'à 6 diamètres (pour les plus petites dimensions) ; or, si l'on change l'entre axe, les proportions des vides restant les mêmes, les nombres du tableau devront changer, comme on peut le voir par les deux suivants, qui sont calculés pour des entre axes de 4 et de 6 diamètres.

Tableau B. — *Calculé en diamètres de piliers pour des espacements entre axes de 4 diamètres.*

ORDRES.	Entre axes des piliers.	Ouverture de l'arcade.	Archivolte ou baies inclinées.	Hauteur du pilier.	Hauteur de l'arc.	Hauteur totale de l'arcade.	Rapport de l'ouverture à la hauteur.
1 Solide.	4	3	2/8	3	1 4/8	4 4/8	1 4/8
2 Moyen solide.	4	3	2/8 à 3/8	3 7/8	1 6/8	5 5/8	1 7/8
3 Moyen.	4	3	3/8	4 6/8	2	6 6/8	2 2/8
4 Moyen élancé.	4	3	3/8 à 4/8	5 5/8	2 2/8	7 7/8	2 5/8
5 Élancé.	4	3	4/8	6 4/8	2 4/8	9	3

Tableau C. — *Calculé en diamètres de piliers pour des espacements entre axes de 6 diamètres.*

ORDRES.	Entre axes des piliers.	Ouverture de l'arcade.	Archivolte ou baies inclinées.	Hauteur du pilier.	Hauteur de l'arc.	Hauteur totale de l'arcade.	Rapport de l'ouverture à la hauteur.
1 Solide.	6	5	2/8	5	2 4/8	7 4/8	1 4/8
2 Moyen solide.	6	5	2/8 à 3/8	6 3/8	3	9 3/8	1 7/8
3 Moyen.	6	5	3/8	7 6/8	3 4/8	11 2/8	2 2/8
4 Moyen élancé.	6	5	3/8 à 4/8	9 1/8	4	13 1/8	2 5/8
5 Élancé.	6	5	4/8	10 4/8	4 4/8	15	3

On calculerait également les proportions pour des espacements entre axes de 4 1/2 et de 5 1/2 diamètres, en prenant la moyenne de ces tableaux, et en général pour un espacement entre axe quelconque.

Cette théorie, aussi simple que pratique, repose sur ce que nous faisons sans cesse ; car ce sont les rapports des espaces vides qui déterminent les proportions, les espaces pleins des piliers et des murs devant être plus ou moins étendus, selon que les dimensions de l'édifice sont plus ou moins grandes. Ainsi, tout est proportionné d'après la largeur et la hauteur de l'arcade et de la montée de l'arc, plein-cintre ou ogive, qui est plus ou moins surélevé, plus ou moins aigu, selon que le pilier est plus ou moins élancé relativement à son diamètre. Il en résulte une diversité de formes et de proportions en quelque sorte indéfinie ; car tous les intermédiaires se proportionnent à volonté avec toutes les hauteurs et toutes les largeurs, et l'harmonie de l'ensemble doit naturellement découler de l'exactitude de ces rapports.

Planche Ire. — Il suffit d'en faire l'essai, avec la règle et le compas, avant d'aller plus loin, en commençant d'abord par tracer la planche Ire. des proportions générales des cinq ordres d'architecture, comme nous venons de les exposer, afin de bien comprendre et de retenir la théorie, sans laquelle la question posée ne saurait être résolue ; cela est bien facile : le secret de l'art est renfermé dans une petite boîte, il ne s'agit que de savoir l'ouvrir et se servir de ce qu'elle contient.

CHAPITRE XII.

FORMES ET PROPORTIONS DES PREMIERS ÉLÉMENTS ARCHITECTONIQUES. — CONCOURS UNIVERSEL POUR LES COMPOSER.

Les proportions des cinq ordres d'arcades étant réglées, on composera les autres éléments architectoniques pour chacun, et c'est là une tâche moins importante et cependant beaucoup plus difficile à remplir. Dix feuilles de dessin ou planches sont au moins nécessaires pour les représenter tous, savoir :

Piliers (pl. II). — Le plan horizontal des piliers sera circulaire, carré ou polygonal et le plus souvent cantonné en croix; ces plans pourront être ornés et renforcés par des contreforts, ou des colonnettes au nombre de 2, 4, 6, 8, 12, et fort rarement en plus grand nombre et seulement pour des piliers de très-fortes dimensions. Le nombre des colonnettes sera proportionné au degré de légèreté et à la variété des compartiments de la voûte, parce que ces colonnettes, en se prolongeant sur le plan des voûtes et en modifiant les moulures, deviennent les nervures qui dessinent les compartiments triangulaires qui engendrent cette espèce de voûte d'arête.

Les piliers et les contreforts peuvent, outre leur plan horizontal, être encore variés dans leur plan vertical par des cannelures et des moulures convexes et concaves, en spirale ou en feuillage de lianes ou autres ornements, et enfin par des chapiteaux et des bases d'une grande variété de style, mais que nous avons cru devoir limiter, pour les trois genres d'architecture, romane, byzantine et ogivique, à cent chapiteaux (Voir chapitre VII).

Les archivoltes, ou les arcs ornés (pl. III), prennent le nom de baies lorsqu'elles sont coupées de biais dans l'épaisseur de l'arc pour les allégir et leur donner le caractère ogivique; elles sont toujours ornées de moulures prismatiques, convexes et concaves, et quelquefois de feuillages, de sculptures et même de statuettes suivant la richesse de l'ordre employé et la destination de l'édifice.

Voûtes (pl. IV). — Pour plus de simplicité, nous n'adopterons, en général, que les arcs en plein-cintre, les arcs surhaussés en fer-à-cheval et les arcs en tiers-point ou ogives. Ces trois genres de courbes suffisent pour imiter l'architecture romane, byzantine et ogivique, selon l'ordre de proportion que l'on choisira; mais cette imitation ne doit pas être une copie servile des anciens monuments, elle devra nécessairement avoir un cachet particulier qui doit caractériser le nouvel art afin qu'il ne soit confondu avec aucun autre.

Ainsi, pour le 1er. ordre, les arcs et les voûtes seront toujours en plein-cintre.

Pour le 2e. ordre, ils seront également en plein-cintre, mais surhaussés en fer-à-cheval de 3/8 de diamètre.

Pour le 3e. ordre, le surhaussement étant de 6/8 de diamètre, ils pourront être, à volonté, en fer-à-cheval ou en ogives, selon la convenance du sujet.

Pour le 4e. ordre, les arcs et les voûtes seront en ogives de 3/8 diamètre de montée.

Enfin, pour le 5e. ordre, ils seront toujours en ogives dont le rayon de l'arc sera égal à l'ouverture de l'arcade, ce qui lui donnera une montée à très-peu près de 3 4/8 diamètres.

Les arcs et les voûtes seront tracés par une formule graphique fort simple (pl. IV) ; pour ne pas trop compliquer la théorie, nous ne rappellerons que pour mémoire les surfaces gauches de raccordement avec les nervures des voûtes, les arcs surbaissés, les plates-bandes avec les angles arrondis, ainsi que ceux à double courbure ou en accolades plus ou moins accentuées ; cependant il est des cas où l'on doit employer ces diverses courbures, qui sont d'ailleurs très-faciles à tracer.

Comble (pl. V). — Cette partie si essentielle des édifices, puisqu'ils périssent toujours par cette extrémité, ou par leurs fondations, devrait être d'une construction plus durable et plus soignée qu'elle ne l'est ordinairement ; en effet, les monuments les plus importants sont le plus souvent couverts en tuiles ou en ardoises reposant sur une forêt de charpente, exigeant un entretien considérable, qui les expose à une foule de dégradations et à être détruits par l'incendie.

D'après nous, les combles devraient, en général, être formés par une seconde voûte en arc de cercle, surbaissée du cinquième au sixième de la base et construite en briques légères évidées, comme on les fabrique aujourd'hui, par des moyens mécaniques fort simples ; et cette nouvelle espèce de brique doit remplacer avec un très-grand avantage les poteries cylindriques employées par les anciens pour le même objet. Cette seconde voûte serait placée au-dessus de la première et reliée avec elle par des cercles ou anneaux, également en maçonnerie de briques, pour les consolider mutuellement et n'en faire, en quelque sorte, qu'une seule et même voûte évidée. Ces cercles de liaison seraient placés de manière à se toucher les uns avec les autres sur les grands arcs-doubleaux transversaux, et rarement sur les nervures diagonales qui sont plus faibles ; cependant, on placerait un de ces cercles à la naissance de chaque nervure diagonale et un autre, qui serait double, au sommet, c'est-à-dire au point d'intersection où se croisent les nervures ; mais ces deux derniers seraient d'un très-petit diamètre. Enfin, la dernière voûte, formant le comble proprement dit, serait recouverte en tuiles vernies, maçonnée avec soin en même temps que la voûte, afin qu'elle soit tout-à-fait imperméable aux infiltrations des eaux pluviales.

Après avoir mûrement réfléchi à ce nouveau système de couverture, nous pensons que, s'il était bien exécuté, il satisferait à toutes les conditions de solidité et de durée ; il aurait en outre l'avantage de n'exiger aucun entretien et d'être tout-à-fait à l'abri des incendies, cause si fréquente de la perte de tant de monuments (1). .

(1) Le même système pourrait être appliqué à la construction des planchers des étages : il suffirait pour cela de quelques légères modifications dans la forme des voûtes, et les bâtiments deviendraient alors incombustibles, même sans l'emploi du fer, si ce n'est pour les portes et les fenêtres.

Le problème présenté à ce sujet depuis long-temps par la Société d'encouragement se trouverait ainsi résolu, en employant uniquement la maçonnerie de briques, qui coûte moins cher que le fer, et qui réunit beaucoup d'autres avantages relatifs à la température et à la salubrité intérieure des habitations.

Le système de construction que l'on pourrait appeler incombustible consiste simplement à bâtir les édifices entièrement en maçonnerie de briques dures, fabriquées au balancier, pour les murs verticaux, et, pour les surfaces horizontales des planchers et des combles en voûtes

Ce système de combles ne pourrait néanmoins être appliqué que dans des limites assez restreintes, et seulement lorsque l'ouverture des voûtes ne dépasserait pas 12 à 14 mètres au plus. Pour les grands monuments, dont la largeur serait plus considérable, la voûte centrale pourrait être exécutée en tôle de fer, et la seconde voûte, formant le comble proprement dit, serait formée par des planches agrafées de même métal ou de cuivre. Les deux voûtes seraient reliées et consolidées entre elles, pour n'en former qu'une seule, par de grands anneaux en fer forgé glissant dans une boucle pour que la dilatation du métal ne déforme jamais les anneaux.

L'ornementation intérieure de ces grandes voûtes en tôle de fer pourrait être d'une grande magnificence sans exiger de grandes dépenses : il suffirait de découper la tôle à jour et de la couvrir de peintures et de dorures où les feuillages, les fleurs et les oiseaux produiraient le meilleur effet en se détachant sur le fond de la seconde voûte, ou comble, qui serait peint en bleu d'azur. On pourrait encore remplir les grands encadrements triangulaires de la voûte par des tableaux demi-transparents, analogues aux stores, dont on perfectionnerait le dessin et la

surbaissées de 1/6e. de flèche, en briques légères évidées, fabriquées à la machine à étirer et maçonnées, avec le plus grand soin, en bon mortier de chaux hydraulique. Ces voûtes plates pourraient aussi être maçonnées en bon plâtre gris pour celles formant les étages ; mais la chaux hydraulique devrait toujours être employée pour les combles. On élèverait, sur les triangles vides des voûtes remplaçant les planchers, des augets ou petites voûtes transversales, et il ne resterait plus qu'à placer le parquet ou le carrelage, ou mieux encore le pavé dit *terrazo* à la vénitienne.

Les bâtiments construits dans ce système réuniraient alors toutes les conditions de solidité, de durée, de salubrité et même d'économie ; la seule difficulté à vaincre, en cela comme en beaucoup d'autres choses, consiste à faire adopter la nouvelle application de ce système fort ancien par le plus grand nombre des bâtisseurs, qui sont généralement dominés par la routine.

couleur, lesquels seraient éclairés par la lumière que l'on pourrait facilement introduire entre les deux voûtes. Dans cette décoration, il conviendrait surtout d'éviter que la voûte parût être en fer: il faudrait qu'elle fît l'effet d'être construite en maçonnerie comme le reste de l'édifice, ce qui serait du reste très-facile à obtenir en peignant les piliers de la même couleur que les nervures de la voûte.

Les membres d'architecture extérieurs, tels que corniches, cordons, plinthes, larmiers, etc. (pl. VI), seront composés pour rejeter les eaux pluviales et former des ombres très-prononcées; les mêmes parties placées à l'intérieur auront moins de saillie, et seront uniquement composées pour produire le meilleur effet. Ces parties, tant intérieures qu'extérieures, s'arrêteront presque toujours contre les grandes lignes verticales dessinées par les contreforts, les piliers, les colonnettes, au lieu de se profiler sur eux et de suivre la même ligne horizontale.

C'est par ce moyen fort simple que l'on conservera le caractère vertical, inhérent à ce genre d'architecture.

Les contreforts, les pyramidions et les clochetons, les éléments des tourelles et des tours, des portails et des portes et autres ouvertures des divers styles, religieux, civil et militaire, seront dessinés dans tous leurs détails (pl. VII et VIII).

Enfin, les détails de l'ornementation des découpures à jour, pour les ouvertures, les claires-voies ou clérestory, les roses circulaires et triangulaires, les balustrades intérieures et extérieures; les culots, niches, pinacles, couvre-chefs, etc. (pl. IX et X).

Tous ces éléments architectoniques sont moins difficiles à composer qu'à faire accepter aux artistes, malheureusement divisés sur toutes ces questions fondamentales. Néanmoins, on commence à comprendre qu'il y a quelque chose à faire de mieux que ce que l'on fait, et qu'il est utile d'étudier avec soin les motifs des éléments architectoniques dans les plus beaux monuments existants, en les modifiant toutefois un peu, pour les harmoniser avec l'art normal et les cinq ordres de proportions qui en forment le cadre.

Concours universel.

Pour que les premiers éléments architectoniques sur lesquels repose l'art tout entier puissent être généralement adoptés, il faudrait qu'ils fussent composés par un génie supérieur qui fît autorité, et qui seul, dans l'état actuel des choses, eût assez de force pour les faire accepter. Sans cela, et lors même qu'ils seraient parfaitement traités, ils n'ont aucune chance d'être prisés à leur juste valeur ; voilà la difficulté qu'il s'agit de vaincre, et il ne faut pas se dissimuler qu'elle est fort grande. Mais, à défaut d'un génie supérieur et en attendant qu'il puisse se produire, nous proposons simplement de considérer le présent chapitre comme un programme, et de donner au *concours universel* l'étude des premiers éléments, comme dessin et ornementation, ainsi que celle des cent chapiteaux romans, byzantins et ogiviques, d'après les motifs que nous avons exposés au chapitre VII de cet ouvrage. Tous ces éléments devraient être dessinés sur la même échelle de module et métrique.

Par le concours universel on peut seulement espérer de trouver plus facilement l'homme de génie qui nous manque, si toutefois il existe actuellement, et peut être de le faire naître s'il n'existe pas, en réveillant cet important sujet encore à l'état latent dans son intelligence. Le génie d'un seul homme, lorsqu'il arrive à son heure, dirige toute une nation, et les grands hommes, dans tous les genres, n'ont jamais fait défaut à toutes les grandes époques de notre histoire. C'est un génie puissant, d'une nature *intensive* et *progressive* qui serait maintenant nécessaire pour établir l'art européen sur ses larges bases naturelles et qui, en ne rejetant précisément aucun style connu, donnerait cependant la préférence à celui qui serait le mieux approprié aux besoins et aux mœurs de chaque nation (1).

(1) Les conditions du concours universel des premiers éléments architectoniques pourraient être formulées à peu près comme suit :

I. Les artistes de tous les pays sont invités à concourir à l'étude

CHAPITRE XIII.

PROPORTIONS ET DÉTAILS SECONDAIRES DES ÉDIFICES. — APPLICATION DES PROPORTIONS A TOUS LES GENRES D'ARCHITECTURE.

Les premiers éléments bien étudiés, dessinés par les artistes les plus habiles et généralement acceptés par tous, il deviendrait très-facile de composer les détails secondaires des édifices, tels que les

des premiers éléments architectoniques comme disposition et ornementation.

II. Ces études seront dessinées au trait, sur dix feuilles grand-aigle au moins, conformément au programme détaillé dans ce chapitre. L'échelle métrique sera de 1/100ᵉ. et le module de 1 centimètre; certains détails pourront être dessinés sur une échelle double.

III. Les membres du jury du concours seront choisis par le président de l'Académie impériale des Beaux-Arts (section d'architecture) et par le directeur de la Société française d'archéologie, dans les catégories suivantes :

1°. MEMBRES FRANÇAIS.

1 Architecte membre de l'Institut de France.

2 Architecte du Gouvernement.

1 Inspecteur-général du Gouvernement.

3 Inspecteurs de la Société française d'archéologie.

2°. MEMBRES ÉTRANGERS.

6 Architectes, anglais, allemands et italiens.

6 Inspecteurs des monuments historiques de diverses nations.

Le jury du concours sera ainsi composé de dix-huit membres, plus les deux présidents qui les auront choisis, en tout vingt membres.

IV. Le jury se constituera en nommant au scrutin un président, un vice-président et deux secrétaires.

Toutes les délibérations auront lieu à la majorité des voix et dix membres présents suffiront pour valider toutes les opérations et même le jugement définitif.

V. Les conditions du concours seront formulées par le jury dès sa travées intérieures et extérieures, les contreforts, les tours, les flèches, etc. On peut déterminer les proportions générales de ces parties d'après les tableaux suivants, sans toutefois être obligé de s'y astreindre rigoureusement.

Nous réglerons d'abord les proportions des églises à trois nefs, avec chapelles latérales sur les bas-côtés et autour du rond-point du chevet. Dans ce genre d'église, qui a atteint le plus haut degré d'élancement, la grande nef est toujours étroite,

première séance; elles seront d'abord imprimées et publiées par ses soins dans les principaux journaux anglais, français, allemands et italiens.

VI. Les dessins du concours seront adressés par une personne tierce au secrétaire du jury, qui en accusera réception. Ces dessins seront admis jusqu'au (. . . . .). Ils seront accompagnés d'un bulletin cacheté portant pour suscription : *Concours universel des premiers éléments architectoniques* ; et au-dessous, une épigraphe choisie par l'auteur, qui sera également écrite sur toutes les feuilles de dessins L'intérieur du bulletin contiendra le nom et l'adresse de l'auteur.

Après le prononcé du jugement, il n'y aura que les deux bulletins portant les épigraphes des dessins qui auront remporté le premier et le deuxième prix qui seront ouverts. Tous les autres bulletins seront immédiatement remis avec les dessins non couronnés aux personnes tierces qui les auront déposés, sur la présentation de l'accusé de réception qui leur aura été délivré par le secrétaire du jury.

VII. Le premier et le deuxième prix recevront une récompense d'environ 100,000 fr., qui sera répartie par le jury du concours, et les deux lauréats seront, en outre, recommandés à la bienveillance du Gouvernement. Les dessins seront présentés à S. M. l'Empereur.

VIII. Une souscription nationale est ouverte pour récompenser dignement les deux lauréats ; les fonds seront versés entre les mains du secrétaire du jury du concours; mais, en attendant la formation du jury, les souscriptions seront adressées par écrit à M. le Directeur de la Société française d'archéologie pour la conservation des monuments historiques ; les noms des souscripteurs seront inscrits dans les journaux, avec le montant des sommes versées par chacun. Le Gouvernement pourrait compléter ce qui manquerait à la souscription, pour former une somme de 100,000 fr.

(depuis 8 m. jusqu'à 15 m. de largeur) relativement à la hauteur qui en est très-élevée (depuis 20 m. jusqu'à 48 m. de hauteur). Les plus belles cathédrales du nord de l'Europe, de l'Angleterre, de la France et de l'Allemagne sont dans cette catégorie.

Nous réglerons ensuite les proportions des églises romanes ou ogiviques à une seule nef très-larges (de 18 à 25 m.) et relativement peu élevées (de 25 à 27 m.) avec des niches, ou plutôt des renfoncements dans les murs formant des chapelles latérales étroites, dont les divisions en maçonnerie pleine forment les contreforts, en partie intérieurs et en partie extérieurs pour contrebuter et soutenir la grande voûte. Telles sont les plus belles églises du Midi, et particulièrement la cathédrale d'Albi. En général, ces églises ont presque partout conservé un caractère plus approchant du roman que de l'ogivique : elles sont par conséquent d'une construction plus massive, qui est naturellement motivée par la plus grande portée de la voûte, et les murs extérieurs ont environ 2 m. d'épaisseur ou le douzième de leur hauteur.

1°. Églises ogiviques à trois nefs.

1er. Tableau. — *Proportions des voûtes et des travées transversales, calculées en diamètre de pilier et pour un espacement entre axes de 5 diamètres.*

ORDRES.	BAS-COTÉS ET CHAPELLES.				GRANDE NEF.			
	Ouverture des arcs.	Hauteur naissance.	Montée de l'arc.	Hauteur totale.	Largeur de la nef.	Hauteur naissance.	Montée de la voûte.	Hauteur totale.
1er. ordre. Solide.	4	4	2	6	9	9 4/8	4 4/8	14
2e. — Moyen solide.	4	5 1/8	2 3/8	7 4/8	9	11 6/8	5 2/8	17
3e. — Moyen.	4	6 2/8	2 6/8	9	9	13 7/8	6 1/8	20
4e. — Moyen élancé.	4	7 3/8	3 1/8	10 4/8	9	16 1/8	6 7/8	23
5e. — Élancé.	4	8 4/8	3 4/8	12	9	18 2/8	7 6/8	26

2e. Tableau. — *Proportions des piliers et des travées longitudinales pour les mêmes églises.*

ORDRES.	PILIERS.			TRAVÉES LONGITUDINALES.			
	Hautr. jusqu'au sommet de la voûte.	Ouverture des arcs.	Entre axes des piliers.	Hauteur des bas-côtés.	Hauteur des galeries.	Hauteur de la claire-voie.	Hauteur totale.
1er. ordre. Solide.	14	4	5	6	2 à 3	5 à 6	14
2e. — Moyen solide.	17	4	5	7 4/8	2 4/8 à 3 6/8	5 6/8 à 7	17
3e. — Moyen.	20	4	5	9	3 à 4 4/8	6 4/8 à 8	20
4e. — Moyen élancé.	23	4	5	10 4/8	3 4/8 à 5 2/8	7 2/8 à 9	23
5e. — Élancé.	26	4	5	12	4 à 6	8 à 10	26

Pour conserver les mêmes proportions, avec des espacements de 4 et de 6 diamètres entre axes des piliers, on modifierait les nombres de ces deux tableaux, comme nous l'avons déjà fait pour les proportions générales des cinq ordres (1).

(1) Voici un sujet d'étude pour les élèves en architecture qui leur serait très-profitable :

Supposons un plan d'église dont l'ouverture de la grande nef soit de 12 mètres et celle des entre axes des piliers de 6 mètres; ce plan étant bien déterminé, il s'agit d'en construire les coupes et les élévations pour les cinq ordres de proportions, combinés avec trois espacements de 4, 5 et 6 diamètres entre axes des piliers : nous aurons, en conséquence, quinze plans différents; savoir :

Quinze coupes transversales, sur la même échelle, dessinées sur deux feuilles.

Quinze coupes longitudinales, idem.

Quinze élévations variées du portail, idem.

Quinze élévations du chevet, idem.

2°. Eglises romanes ou ogiviques à une seule nef.

3°. Tableau. — *Proportions des voûtes et des travées transversales. (L'épaisseur des murs et des contreforts, soit 2 mètres, est prise pour module.)*

ORDRES.	CONTREFORTS ET CHAPELLES.						GRANDE NEF.			
	Épaisseur contrefort extérieur.	Épaisseur mur d'enceinte.	Épaisseur contrefort intérieur.	Épaisseur totale contrefort.	Hauteur des chapelles.	Hauteur au-dessus des chapelles.	Largeur.	Hauteur jusqu'à la naissance.	Montée de la voûte.	Hauteur totale.
1er. ord. Solide.	1	1	2	4	6	4	9	5 4/8	4 4/8	10
2e. — M. solide.	1	1	2 2/8	4 2/8	6 4/8	4 6/8	10 2/8	6 1/8	5 1/8	11 2/8
3e. — Moyen.	1	1	2 4/8	4 4/8	7	5 4/8	11 4/8	6 6/8	5 6/8	12 4/8
4e. — M. élancé.	1	1	2 6/8	4 6/8	7 4/8	6 2/8	12 6/8	7 3/8	6 3/8	13 6/8
5e. — élancé.	1	1	3	5	8	7	14	8	7	15

Total : soixante plans verticaux, contenus dans huit feuilles grand-aigle.

En dessinant seulement une fois ces soixante plans différents de proportion et d'ornementation, on apprendrait parfaitement toutes les règles, et l'on pourrait facilement choisir la limite la plus convenable pour tous les cas proposés : il suffirait d'éliminer les plans qui seraient trop lourds et ceux qui seraient trop légers.

Ces huit feuilles de dessin pourraient être facilement dessinées au trait dans l'espace d'un mois; nous pouvons assurer les élèves qui feront cette étude qu'ils seront eux-mêmes étonnés de leurs succès.

4e. Tableau. — *Proportions des contreforts, des piliers engagés et des travées longitudinales pour les mêmes églises. (L'épaisseur des murs et des contreforts, soit 2 mètres, est prise pour module.)*

ORDRES.	PILIERS ENGAGÉS.			TRAVÉES LONGITUDINALES.		
	Hautr. jusqu'au sommet de la voûte.	Largeur entre axes.	Largeur entre piliers.	Hauteur des chapelles.	Hauteur au-dessus des chapelles.	Hauteur totale.
1er. ordre. Solide.	10	4	3	6	4	10
2e. — Moyen solide.	11 2/8	4	3	6 4/8	4 6/8	11 2/8
3e. — Moyen.	12 4/8	4	3	7	5 4/8	12 4/8
4e. — Moyen élancé.	13 6/8	4	3	7 4/8	6 2/8	13 6/8
5e. — Élancé.	15	4	3	8	7	15

5e. Tableau. — *Proportions des tourelles et des tours, calculées en diamètre ou côté de leur base.*

ORDRES.	HAUTEURS.			OBSERVATIONS.
	Jusqu'à la flèche ou créneaux.	Flèche.	Total.	
1er. ordre. Solide.	2	1 4/8	3 4/8	On peut supprimer les flèches aiguës ou pyramidales pour les 1er. et 2e. ordres ; placer une coupole avec ou sans lanterne sur le 3e., et réserver les flèches aiguës pour les 4e. et 5e. ordres, qui produisent le plus grand élancement.
2e. — Moyen solide.	2 4/8	1 7/8	4 3/8	
3e. — Moyen.	3	2 2/8	5 2/8	
4e. — Moyen élancé.	3 4/8	2 5/8	6 1/8	
5e. — Élancé.	3	3	7	

Le plan horizontal des tourelles et des tours pourra être carré, polygonal ou circulaire et diversement crénelé ou orné au sommet selon le style religieux, civil ou militaire de l'édifice proposé. Les tours peuvent être renforcées par des contreforts et percées par des ouvertures plus ou moins ornées suivant l'ordre employé ; on peut aussi considérer les tourelles comme un contrefort appuyant les angles d'une grosse tour ; c'est dans ces tourelles d'angle que se placent les escaliers à vis d'Archimède, pour communiquer aux étages, et que les artistes de la Renaissance ont su orner si gracieusement.

Ce seul élément des tours, bien étudié et bien compris, peut être varié indéfiniment et combiné avec les cinq ordres d'arcades, de contreforts et de piliers de manière à composer tous les édifices possibles en leur donnant le caractère convenable à leur destination. Les tourelles et les tours, que les modernes ont cru devoir supprimer de leur architecture, parce qu'elles ne s'harmonisent pas avec le style horizontal imité de l'antique, sont en elles-mêmes l'élément principal, tout à la fois le plus sévère et le plus gracieux, de l'architecture élancée, et celui qui lui imprime le plus grand caractère en détachant les édifices d'une manière si pittoresque sur le ciel.

Application des proportions à tous les genres d'architecture.

La théorie harmonique des proportions, que nous venons d'exposer, a été étudiée et combinée pour être appliquée à tous les genres et à tous les styles d'architecture, horizontale, cintrée et verticale. On remarquera seulement que le style horizontal et cintré ne doit, pour bien faire, être employé qu'avec les trois premiers ordres, et que le style vertical peut l'être à la rigueur avec tous et au moins avec les trois derniers, en réservant toujours le cinquième pour les édifices qui exigent le plus grand élancement.

Cependant, rien n'empêche d'appliquer au style roman et au style byzantin les quatre premiers ordres, si l'on préfère le plein-cintre à l'ogive ; mais ceux qui ont un goût opposé, peuvent faire le contraire : de sorte que l'artiste reste entièrement libre d'employer le style d'architecture qu'il croira le plus convenable à la nature des matériaux dont il dispose, et aux idées du pays où il édifie. On le voit, nous sommes loin d'être exclusif : nous engageons seulement à bien réfléchir avant de sortir des limites que nous avons assignées à chaque ordre de proportion.

Cette théorie, la plus complète qui ait encore été présentée, renferme donc tous les genres et se limite cependant dans chacun sans confusion, lorsqu'on a bien saisi son esprit. En effet, l'architecture cintrée du Bas-Empire romain, l'art roman et byzantin et celui qui est né de leur alliance, s'y encadrent tout aussi bien que l'art ogivique, que l'art de la Renaissance et même que l'art moderne. Il ne s'agit que de chercher le degré intermédiaire sur l'échelle, dont le premier degré commence à l'ordre solide et dont le dernier finit à l'ordre élancé ; et, avec un peu d'habitude, on arrivera de suite à saisir les rapports et les limites réciproques de toutes les proportions.

Pour bien apprécier la théorie que nous venons d'exposer, il faut prendre en main la règle et le compas et tracer rigoureusement les lignes qu'elle indique : alors seulement on comprendra leurs rapports mystérieux et l'on sera étonné de la puissance de l'art :

Ἀγεωμέτρητος μηδεὶς εἰσίτω.

Après cette étude indispensable, où la main et les yeux viennent en aide à l'esprit pour représenter l'art, il devient très-facile de composer un édifice quelconque. Pour projeter une église, par exemple, voici la marche rationnelle qu'il faudrait suivre. L'étendue du plan étant déterminée, on fixerait la largeur de la grande nef ; cette largeur déterminerait sa hauteur sous voûte, ainsi que la hauteur des travées selon l'ordre de proportion que l'on adopterait. Les bas-côtés auraient, en largeur transversale, environ la moitié de l'ouverture de la grande nef et quelquefois un peu moins ; l'ouverture longitudinale des travées, ou l'entr'axe des piliers, aurait aussi la même dimension. Voilà pour le plan, voici pour les hauteurs. Les bas-côtés auraient en hauteur un peu moins de la moitié de celle des travées, dont la hauteur totale serait égale à celle de la grande nef sous voûte. Cependant, cette hauteur de travée pourrait quelquefois être un peu moindre, selon le système de voûte et de surfaces gauches que l'on adopterait pour raccorder les arêtes, ou nervures diagonales de la voûte, avec le périmètre ou contour de la claire-voie.

Les dimensions principales d'un projet étant ainsi fixées, tous les détails viendront s'y placer et, en quelque sorte s'y encadrer, en suivant les principes que nous venons de poser ; mais, pour mieux fixer les idées à cet égard et ne laisser aucun doute dans l'esprit, il est nécessaire d'entrer dans d'autres considérations sur la solidité relative et l'équilibre des parties qui composent l'ossature des édifices, sur les charges qu'ils peuvent supporter, sur les résistances à leur opposer et sur la détermination rationnelle des limites des hauteurs où il convient de s'arrêter, pour concilier la solidité avec la convenance et l'économie. Cette étude importante va faire le sujet du chapitre suivant.

CHAPITRE XIV.

DE LA SOLIDITÉ RELATIVE, DE L'ÉQUILIBRE, DES CHARGES ET DES RÉSISTANCES DE L'OSSATURE DES ÉDIFICES.

La solidité et l'économie sont solidaires et relatives : la solidité, en effet, doit être considérée non-seulement en elle-même, mais plus encore par sa relation avec l'économie, afin d'échapper au double danger d'élever des édifices trop lourds et par conséquent trop dispendieux, ou trop légers et qui aussi n'auraient pas assez de stabilité. On conçoit qu'il y a un moyen terme que la connaissance des charges et des résistances doit faire trouver, et qu'il est rigoureusement nécessaire de le fixer par des règles, sinon rigoureusement exactes, au moins assez approchées de la rectitude mathématique pour éviter de commettre des erreurs trop sensibles.

Ces règles doivent découler des principes de la stabilité ou de l'équilibre des masses, et de la résistance des matériaux à la charge qui les presse; et il importe d'abord de faire remarquer que la stabilité, comme la résistance à la charge, sont considérablement modifiées par les soins apportés dans l'exécution de la maçonnerie et dans la fabrication des mortiers. On doit, en conséquence, étudier avec beaucoup de soin les édifices les plus anciennement bâtis dans la contrée, lorsque l'on se propose d'élever un bâtiment avec les mêmes matériaux. Cette étude pratique éclairera beaucoup plus que les déductions scientifiques que l'on est toujours obligé de faire lorsqu'on manque des données nécessaires à l'exécution d'un projet, et comme l'a si bien dit Léonard de Vinci, de si glorieuse mémoire, « il faut commencer par l'observation, passer à l'expérience, et, à l'aide de celle-ci, chercher à déterminer la cause; puis formuler une règle et la soumettre au calcul. » Voilà la pensée qui nous a toujours guidé, dans le cours de nos études: c'est la pratique; et tout en écrivant ce livre, nous suivons en même temps la construction d'un bâtiment où les préceptes que nous conseillons sont rigoureusement observés.

L'art ogivique des XIIIe., XIVe.. et XVe. siècles avait tout disposé pour obtenir la plus grande stabilité possible en employant comparativement peu de matériaux. Cette légèreté, dans les constructions de cette époque, est évidemment bien plus grande que dans les monuments antiques: aussi a-t-elle été obtenue par des dispositions architectoniques toutes différentes et particulièrement en reliant et contrebutant les soutiens isolés par un grand nombre d'arcs, placés à diverses hauteurs, tant intérieurement qu'extérieurement. Cette disposition si simple a engendré une complication de surfaces gauches triangulaires pour raccorder les arcs entr'eux, et, pour mieux dissimuler ou cacher ces surfaces gauches, on a été induit à couper de biais les arêtes courbes des arcs pour les allégir, et à placer sur les arêtes des voûtes des nervures ornées de moulures; ces deux dispositions, des arcs et des voûtes, sont très-caractéristiques et ne paraissent pas avoir été connues des anciens; car les voûtes d'arêtes en pierre et briques des thermes n'ont en réalité aucune ressemblance avec celles des cathédrales du nord de l'Europe. Tout paraît démontrer que ces voûtes d'arêtes à nervures ornées, et à surfaces gauches de raccordements, avec l'élancement des piliers et les découpures ou dentelures à jour des ouvertures, ont donné naissance, dès le XIIe. siècle, à l'art ogivique dont le caractère éminemment religieux est sans nul rapport de ressemblance avec aucun autre art ; et c'est là un mérite, nous le répétons, qui jusqu'ici n'appartient réellement qu'à lui seul.

Quant à la résistance des matériaux, pierres ou briques, elle est parfaitement connue aujourd'hui : on sait quel poids ces matériaux réunis en masse de maçonnerie peuvent supporter avant de commencer à se désunir et à s'écraser sous la charge qui les presse et, par conséquent, on peut calculer celle qu'ils doivent porter, et déterminer la hauteur des murs et des piliers ou soutiens isolés des édifices.

L'accident survenu, à la fin du siècle dernier, aux quatre piliers supportant le dôme de S^{te}.-Geneviève, qui a été si habilement réparé, a démontré que la pierre calcaire dure, convenablement taillée, sans démaigrissement dans les joints, pouvait supporter de très-grandes charges avant de se rompre. D'autres observations montrent également que la bonne maçonnerie de brique dure, à plein bain de mortier, résiste aussi à de grandes charges, et l'on voit des tours en brique de plus de 80 mètres de hauteur, comme celle de la cathédrale d'Albi, le plus vaste monument en brique de la France, dont la large base résiste parfaitement depuis le XIIIe. siècle, à cette énorme pression, puisqu'on n'y aperçoit pas la moindre désunion, et que cette immense construction est encore aussi solide qu'à l'époque où elle a été élevée.

La base des piliers actuels de S^{te}.-Geneviève est chargée d'un poids de 280,000 kilog. par mètre carré ; mais c'est un maxima de charge que l'expérience a démontré être beaucoup trop fort ; il est donc prudent pour de la maçonnerie en pierre dure ordinaire, ou en brique de bonne qualité, de ne lui faire supporter que la moitié, ou 140,000 kilog. au plus pour les parties les plus élevées, telles que les piliers des grandes nefs, et un peu plus pour les tours des églises, où sa base est toujours plus large que le sommet, et seulement le quart ou 70,000 kilog. toujours par mètre carré, pour la moyenne de la charge de l'édifice entier, afin de lui donner la solidité suffisante, mais avec la condition essentielle que tous les soins convenables soient apportés dans la construction.

En général, c'est moins l'écrasement des matériaux qui est à craindre, dans les grandes constructions, que l'inégalité du tassement de la maçonnerie : ce sont les désunions que l'on doit le plus redouter, car elles finissent toujours par causer la ruine de tous les édifices. C'est surtout le manque de stabilité qu'il faut absolument éviter : il est évident qu'un pilier isolé, qui ne serait relié ni appuyé par rien, pourrait à peine se tenir debout en équilibre avec une hauteur d'environ 20 fois le diamètre de sa base ; mais, s'il est relié et appuyé par des arcs avec d'autres piliers ou avec des murs, et à diverses hauteurs, comme cela a toujours lieu dans les constructions ogiviques, il peut avoir une plus grande hauteur, que néanmoins nous avons cru devoir limiter à 26 fois le diamètre de la base.

Si, d'après ces observations, on veut déterminer le rapport entre la masse pleine, ou le volume solide d'un édifice, et le volume d'air qu'il enveloppe, ou en d'autres termes, l'espace occupé par les parties pleines avec l'espace occupé par les parties vides, ou mieux encore, le cube total de la maçonnerie : que l'on multiplie par 2,000 kilog. pour avoir le poids total de la masse, et ce poids, étant divisé par la superficie horizontale pleine des murs et des soutiens isolés qui portent l'édifice, donne pour quotient la charge réelle que supporte chaque mètre carré de maçonnerie au niveau du sol. Or, nous venons de voir que cette charge pouvait être égale, dans la pratique, à 140,000 kilog. pour les parties les plus chargées, et à 70,000 kilog. en moyenne pour le restant de l'édifice.

Le cube général de la masse, au-dessus du sol, peut encore être divisé par la surface totale horizontale occupée par l'édifice entier, et le quotient donnera une épaisseur de maçonnerie pleine supposée également répartie sur toute la surface de l'édifice; or, toutes choses étant égales, plus cette épaisseur massive, que nous prenons pour terme de comparaison, sera grande, plus l'édifice sera lourd et coûteux; plus elle sera petite, plus il sera léger, élancé et économique. Nous reviendrons d'ailleurs bientôt sur cette question, importante au point de vue de l'économie.

En calculant tous ces rapports pour les grands édifices les plus renommés, on reconnaîtra encore de grandes fautes commises dans leur construction, et l'on trouvera les moyens certains de les éviter et de donner à l'avenir aux édifices une solidité raisonnée et suffisante sans se jeter dans des dépenses aussi énormes qu'elles sont, le plus souvent inutiles.

Si ces principes, qui sont aussi anciens que la géométrie, eussent été appliqués, à l'époque de la Renaissance, à St.-Pierre de Rome, par exemple, l'immense basilique eût certainement pu être plus immense et plus magnifique encore avec une très-grande réduction dans les dépenses. Mais d'autres idées prévalurent : on ne songea aucunement à l'économie, et il en résulta que des sommes énormes furent gaspillées et qu'elles absorbèrent les grandes ressources de la chrétienté. Quand on réfléchit à toutes les calamités que les faux principes de l'architecture ont engendrées chez les peuples modernes, on n'est plus étonné que leurs progrès aient été si lents, et l'on s'explique l'abaissement de l'art actuel, qui est réduit à copier servilement l'antique, dans la crainte de tomber encore dans de plus graves inconvénients.

Les piliers isolés des grands édifices pouvant être chargés de 140,000 kilog. par mètre carré, et le poids du mètre cube de cette maçonnerie étant de 2,000 kilog., il en résulte qu'un pilier d'un mètre de base pourrait avoir une hauteur de 70 mètres, s'il ne fallait pas compter aussi le poids des arcs et des voûtes qui pèsent sur lui; mais en ajoutant ce poids à celui du pilier lui-même, comme il convient de le faire, le pilier isolé ne doit plus avoir qu'une hauteur maxima de 52 mètres, comme on peut le voir par les tables que nous avons calculées et placées à la fin de ce chapitre.

Il est évident que plus les piliers sont élevés, plus leur masse qui pèse sur leur base est considérable : il y a donc une limite à donner à cette hauteur, qui doit être calculée d'après la charge et la résistance par mètre carré. Or, si avec la même hauteur, on augmente la superficie de la base, les piliers ayant la même section ou étant aussi forts au sommet qu'à leur base, la charge augmente en proportion; il n'y a donc pas avantage, sous ce rapport, à augmenter leur grosseur : il faut seulement qu'elle soit suffisante pour assurer leur stabilité à l'aide des arcs qui les relient à diverses hauteurs.

Les pressions sur la base sont donc en raison directe des hauteurs et non en raison directe des proportions plus ou moins élancées; c'est-à-dire que de lourds piliers très-élevés pourraient être moins solides que des piliers beaucoup plus légers qui auraient moins de hauteur. Ainsi on voit, d'après les tables que nous avons dressées, que les piliers les plus minces, ceux de 0 m. 50 de diamètre ne sont chargés (pour le 5e. ordre) que d'un poids de 47,444 kilog. par mètre carré, tandis que ceux de 2 m. de diamètre en supportent un de 139,828 kilog. également par mètre carré; et cette grande différence tient uniquement à la grande inégalité des hauteurs des piliers, qui est de 13 m. pour les uns et de 52 m. pour les autres. (Voyez les tables ci-après calculées pour le 5e. ordre.)

Il est essentiel de se bien pénétrer de cette observation, qui a une très-grande importance pour l'érection des grands monuments; car, si l'on voulait dépasser une hauteur de voûte de 48 mètres en employant des matériaux de résistance moyenne, l'expérience a démontré que, pour assurer leur solidité, il conviendrait de remplacer les voûtes en maçonnerie de pierre dure par des voûtes plus légères en briques évidées, et même par des voûtes en métal. Dans ce dernier cas, naturellement réservé pour les plus grandes dimensions, les piliers ne s'élèveraient que jusqu'à la naissance de la grande voûte : on les coifferait d'une forte plaque en fonte de fer où seraient écroués les arcs transversaux et les nervures diagonales de la voûte en tôle plus épaisse que celle des remplissages, laquelle pourrait être fort mince et fort légère et même découpée à jour, si toutefois une seconde voûte très-surbaissée, également en métal, était superposée à la première pour former le comble de l'édifice. De cette manière, on pourrait hardiment élever les édifices à de très-grandes hauteurs sans aucun risque, et les mettre en rapport avec la grande largeur du plan de la nef principale.

C'est une chose fort remarquable, que toutes les belles cathédrales élevées dans le XIIIe. siècle, ont en général de 30 à 37 m. de hauteur sous voûte, excepté celle d'Amiens qui a 44 m. et que, lorsqu'on a voulu augmenter cette hautèur, comme dans l'immense construction du chœur de Beauvais, où elle est de 48 m., il en est résulté que la solidité a été compromise, à tel point qu'après la chute de la voûte, arrivée pour la seconde fois en 1284, l'on se décida à intercaler de nouveaux piliers, entre les anciens, au centre des arcades pour les soutenir; par ce moyen on augmenta la stabilité, et, le poids de la voûte étant réparti sur une grande surface, l'on put la reconstruire telle qu'on la voit encore aujourd'hui; et cependant, malgré les fautes commises dans la construction primitive de ce monument, il résiste depuis plus de cinq siècles!

Les constructeurs de ce temps, où les sciences commençaient à se répandre en Europe, n'ayant d'autre guide que la pratique, étaient cependant parvenus à trouver les véritables limites des hauteurs, des largeurs et de toutes les proportions en parfaite harmonie avec le style élancé de cette architecture. Ce n'est que lorsqu'ils ont voulu faire des tours de force et dépasser les hauteurs, outre mesure, que la solidité des édifices a été ébranlée et que leur chute en a été la conséquence inévitable; ces accidents se sont renouvelés plusieurs fois, surtout pour les flèches gigantesques du centre de la croisée des grandes églises, et l'un des plus remarquables exemples de ces accidents est encore celui de l'immense flèche de Beauvais, de 131 m. de hauteur. « Ce fut le jour de l'Ascension de 1573, tandis que le clergé et le peuple étaient en procession dans les rues de la cité, qu'elle s'écroula avec un fracas épouvantable. Un épais nuage de poussière couvrit toute la ville, et dès la veille pourtant de tristes indices avaient annoncé le malheur qui devait bientôt arriver. » A cette époque on voulut lutter, surtout en France, contre les idées de rénovation de l'art antique, tant exalté à l'occasion de l'édification colossale de St.-Pierre de Rome: on voulut prouver que l'art, avec son élancement, sa légèreté et sa grâce, si heureusement étudié par nos pères, était préférable à celui renouvelé des Grecs et des Romains par la Renaissance italienne; on voulut trop prouver, comme cela arrive si souvent: on alla trop loin, on dépassa les limites de la prudence, et la moindre faute dans la construction devait nécessairement ébranler et faire écrouler le gigantesque édifice, comme un château de cartes.

CHAPITRE XV.

DE L'ÉCONOMIE ET DE LA SOLIDITÉ DES CONSTRUCTIONS MODERNES, COMPARÉES AVEC CELLES DU XIIIe. AU XVIe. SIÈCLE.

Cet événement de Beauvais et quelques autres moins importants contribuèrent à faire abandonner l'art imaginé par nos pères et si bien approprié aux besoins de leur époque; cet art était cependant déjà condamné et détrôné par la Renaissance italienne, et vouloir arrêter alors le torrent de l'opinion était aussi impossible que de continuer maintenant à le suivre, lorsque tout a changé autour de nous. C'est depuis lors que l'on a accrédité deux grandes erreurs qui paralysent tous les progrès de l'art: la première, que les édifices du XIIIe. au XVIe. siècle ne sont pas solides; et la seconde, qu'ils coûtent des sommes énormes à édifier. Sur le premier point, on peut se borner à dire que nos cathédrales, quoique bâties, en général, avec des matériaux de qualité médiocre, résistent depuis bientôt six cents ans à toutes les injures du temps, à l'abandon de leur entretien pendant plusieurs siècles et aux dégradations incroyables des hommes bien plus destructives encore que celles du temps. Et cependant, ces beaux monuments dominent par leur majesté toutes les constructions modernes qui les entourent et semblent braver les générations qui s'écoulent devant eux, en les défiant de les imiter! Voyez les cathédrales d'Amiens et de Bourges et les masures modernes qui les entourent, sans même en excepter les palais épiscopaux. Sur le second point, celui de la dépense, nous avons prouvé, pratiquement et mathématiquement, que ce genre d'architecture exige moins de dépense que celui des anciens et que la différence devient considérable, si l'on emploie la maçonnerie de brique pour le massif des constructions, et la pierre factice pour les ornements évidés, comme on est parvenu à la composer avec toutes les conditions nécessaires de solidité et de durée : la maçonnerie de brique a d'ailleurs l'avantage d'être plus légère que la pierre, et de se lier beaucoup mieux avec le mortier : ce qui empêche les désunions dans la masse et permet d'élever sans danger les édifices à de plus grandes hauteurs.

Relativement à l'économie des matériaux, nous ajouterons ici, en attendant de plus amples développements, quelques considérations sous le rapport des surfaces pleines et des surfaces vides, afin de ne laisser aucun doute sur la légèreté et l'économie des matériaux dans la construction des édifices ogiviques.

Nous avons étudié et estimé un édifice de ce genre dans tous ses détails de construction. Il a une superficie totale de 2,756 mètres, et la surface occupée par les murs et les piliers au niveau du pavé est de 391 m. 50 c., c'est-à-dire de 1/7e. de la superficie totale de l'édifice, tandis que ce rapport varie dans certaines églises modernes entre la moitié et le tiers, ou d'une quantité trois fois plus considérable en moyenne. Qui pourrait calculer la masse inutile de matériaux et de travaux qui ont été ainsi dépensés en pure perte dans la construction de tous les monuments modernes ?

Dans la plupart des édifices de tous genres construits en France dans le XVIIe. et le XVIIIe. siècle, cette surface horizontale des murs varie entre le tiers et le quart et quelquefois, par exception, elle n'est que du cinquième de la superficie totale. Cependant il y a des exemples de bâtiments voûtés et debout depuis des siècles, où cette superficie des soutiens n'est que du huitième, du neuvième et même du dixième pour certains édifices très-étendus, mais non voûtés ; il existe quelques exemples où elle n'est que du quinzième (Voyez Rondelet, *Art de bâtir*).

Il est évident que le genre ogivique voûté permet les plus grands évidements possibles dans l'ossature des édifices sans nuire pour cela à la solidité ; et cette économie dans les matériaux, remarquez-le bien, est au moins de la moitié ou de

50 °/₀ sur la dépense. Si on ajoute à cette économie celle, également importante, de la différence du prix de la maçonnerie de brique qui n'est que la moitié de celui de la mauvaise pierre de taille que l'on a employée le plus souvent, on obtient encore une économie de 50 °/₀. En d'autres termes, la dépense de l'édifice que nous avons projeté en maçonnerie de brique s'élevant à la somme de 1,280,000 fr., le même édifice, exécuté en pierre dans les proportions du genre moderne, exigerait le double de matériaux, et ces matériaux coûtant encore le double du prix de la bonne maçonnerie de brique, la dépense s'élèverait au quadruple ou à la somme de 5,120,000 fr. Avec la même somme, on pourrait donc construire un édifice quatre fois plus grand dans le style ogivique en brique, que dans le style moderne en mauvaise pierre de taille, dont la durée est moindre que celle de la brique. Celle-ci, en effet, traverse les siècles sans s'altérer et n'exige pas ces reprises en sous-œuvre qui équivalent à la reconstruction des bâtiments, et qui même coûtent souvent plus cher que ne coûterait une construction entièrement neuve (*sic*). Cette durée de la brique peut particulièrement être remarquée à la cathédrale d'Albi et à diverses églises de Toulouse, construites entièrement en briques il y a plusieurs siècles et qui font l'effet d'être encore neuves.

On ne saurait trop insister sur des questions économiques de cette importance, parce qu'elles assurent le plus bel avenir à l'art, si elles sont bien comprises. Il ne faut pas se faire illusion : la force des choses obligera désormais d'employer la céramique de préférence aux monolithes de marbre des anciens, qui ne sont plus possibles dans les conditions de la société moderne ; c'est aussi un puissant motif pour renoncer à copier l'architecture antique, qui n'est réellement belle qu'avec de très-beaux matériaux, tandis que l'architecture ogivique, moins exigeante, s'accommode à peu près de tout et particulièrement de la brique.

CHAPITRE XVI.

DERNIÈRES REMARQUES SUR LES PROPORTIONS. — RÉSUMÉ. — TABLES DES CHARGES ET DES RÉSISTANCES.

Avant de projeter un édifice de quelque importance, il faut d'abord bien choisir ses exemples et se tenir dans les limites des proportions que nous avons déterminées; cela est d'autant plus facile maintenant que nous avons des modèles de tous les genres sous les yeux, et des principes pour calculer, avec une exactitude suffisante, les charges et les résistances d'après de grands édifices qui ont été bien étudiés. D'un autre côté, les progrès incessants des moyens d'exécution de toute sorte, et particulièrement des arts céramiques et métallurgiques, nous permettent d'orner et de couvrir les grands édifices avec autant de légèreté que de force, et surtout avec beaucoup d'économie et de facilité dans l'exécution. Ces moyens, que nos pères n'ont pas connus, suffiraient pour surpasser tout ce qu'ils ont fait de plus merveilleux, si le génie national pouvait s'enthousiasmer de ce grand et noble élan qui embrasait toutes les âmes au XIIIe. siècle.

La limite des proportions et des hauteurs des édifices est une des plus grandes questions de l'art, qui n'a pas encore été présentée sous son véritable point de vue et, par conséquent, qui n'a pas été résolue avec assez d'exactitude. Nous n'avons pas la prétention de l'avoir traitée complètement dans ce livre; mais la semence jetée sur la terre fertile des intelligences germera si elle est bien cultivée; il sortira nécessairement de cette étude, que les monuments gigantesques, comme St.-Pierre de Rome, doivent paraître bien plus petits qu'ils ne le sont en réalité et qu'ils exigent des dépenses considérables pour leur édification, tandis que ceux qui ont été élevés en si grand nombre, du XIIIe. au XVIe. siècle, doivent au contraire paraître beaucoup plus grands qu'ils ne le sont en réalité. Retenons bien cette observation pour en appliquer toutes les conséquences à l'art normal, qui doit s'éclairer de tous les faits du passé pour mieux coordonner entre eux ceux du présent.

En résumé, c'est par l'observation raisonnée et par l'application de la théorie harmonique des proportions, que l'on doit disposer l'ossature d'un édifice pour que toutes ses parties soient à peu près également résistantes aux efforts qu'elles doivent supporter, et que l'équilibre existe partout, dans les détails comme dans l'ensemble. A la vérité, cette résistance n'est pas susceptible d'être calculée rigoureusement; mais cela n'est pas nécessaire : il suffit d'employer des formules empiriques, déduites de l'expérience et des mesures prises dans les édifices les mieux construits.

Par l'application de ces principes, on ne peut pas commettre de grandes erreurs, et l'on peut toujours composer un édifice plus ou moins parfait, suivant l'exigence des conditions imposées et qu'il faut absolument remplir pour qu'il satisfasse à sa destination.

La disposition architectonique des parties résistantes, ou de l'ossature des édifices, voilà ce qu'il faut avant tout considérer, ainsi que les rapports de largeur et de hauteur qui déterminent les épaisseurs ou la force de résistance; et, en opérant ainsi, le cadre est tout fait pour recevoir les détails. C'est de l'ensemble qu'il faut toujours partir pour étudier et composer, et non des détails pour composer l'ensemble; car cette fausse méthode conduit tout droit à l'absurde.

Quoique nous n'ayons présenté dans ce livre que la synthèse de l'art, on peut déjà par ce peu de mots, entrevoir le germe de l'analyse la plus savante et de l'art le plus avancé; en suivant la marche régulière que nous indiquons, les détails se placent comme d'eux-mêmes à leur véritable place et sont toujours en parfaite harmonie avec l'ensemble, puisqu'ils sont composés expressément pour lui : il en résulte qu'un édifice, bien conçu du premier jet, aura une physionomie qui lui sera propre et qui différera nécessairement de celle de tout autre édifice. En suivant régulièrement cette marche, on arrivera sûrement à satisfaire toutes les conditions possibles exigées par les besoins si nombreux de la société moderne, avec le degré de solidité et d'économie nécessaire et relative à la destination de l'édifice proposé.

C'est là véritablement la caractéristique de l'art moderne, qui ne peut désormais avancer qu'avec le flambeau de la science pour guide, afin d'éviter les témérités de l'art ; mais gardons-nous de jamais oublier ses inspirations mystérieuses et divines, qui seules peuvent lui donner le mouvement et la vie morale ; tandis que la science seule, avec son équilibre mathématique et son niveau de plomb, ferait de l'art analogue à celui des remparts et des bastions des fortifications. A mesure que la science et l'art matériel font de grands progrès, l'on dirait que l'esprit de l'art s'en va ! Cela est malheureusement vrai ; cependant nous croyons fermement que l'on peut et que l'on doit toujours allier la science avec l'art, et que désormais il est impossible que l'un puisse se passer de l'autre : la science indique ce qu'il faut faire ; mais l'art seul le fait, en transformant les idées fugitives, ou abstraites, en monuments qui parlent à toutes nos facultés intellectuelles à la fois. La science s'appuie sur le raisonnement, et l'art sur le fait ; la science et l'art sont inséparables, comme la théorie et la pratique : on ne peut les séparer que par abstraction, et seulement pour la facilité des études.

Nous terminerons ce chapitre par cette sentence antique, que nous avons déjà citée et qu'il ne faut jamais perdre de vue : « Que nul n'entre ici, s'il n'est géomètre, » et nous ajouterons : s'il n'est en même temps artiste.

TABLES.

Calcul de la charge maxima supportée par les grands piliers.

A. — *Pour le premier ordre de proportion et pour un espacement entre axes de 5 diamètres.*

PILIERS.			Ouverture des travées.	Cube des piliers.	Poids à 2,000 kil. le mètre cube.	VOUTE.				POIDS SUPPORTÉ PAR	
Diamètres équivalent.	Section horizontale.	Hauteur.				Surface portant sur le pilier.	Épaisseur moyenne double-voûte.	Cube.	Poids à 1,500 kil. le mètre cube.	Pilier.	Mètre carré.
[illegible]	mètre	mètre.	mètre.	mètre.	kil.	mètre	mètre	mètre.	kil.	kil.	kil.
0.50	0.196	7.00	2.50	1.372	2.744	9.375	0.30	2.802	4.203	6.947	35.444
0.60	0.283	8.40	3.00	2.377	4.754	13.500	0.33	4.455	6.682	11.436	40.410
0.70	0.385	9.80	3.50	3.773	7.546	18.375	0.33	6.064	9.096	16.642	43.226
0.80	0.502	11.20	4.00	5.622	11.244	24.000	0.35	8.400	12.600	23.844	47.498
0.90	0.636	12.60	4.50	8.014	16.028	30.375	0.35	10.631	15.947	31.974	50.273
1.00	0.785	14.00	5.00	10.990	21.980	37.500	0.37	13.875	20.812	42.792	54.512
1.10	0.950	15.40	5.50	14.630	29.260	45.375	0.37	16.789	25.184	54.444	57.836
1.20	1.130	16.80	6.00	18.984	37.968	54.000	0.40	21.600	32.400	70.368	62.272
1.30	1.377	18.20	6.50	25.061	50.122	63.375	0.40	25.350	38.025	88.147	64.014
1.40	1.539	19.60	7.00	30.164	60.328	73.500	0.43	31.605	47.475	107.803	70.048
1.50	1.766	21.00	7.50	37.036	74.172	84.375	0.43	36.281	54.421	128.593	72.810
1.60	2.010	22.40	8.00	45.024	90.048	96.000	0.45	41.280	61.920	151.968	75.606
1.70	2.269	23.80	8.50	54.002	108.004	108.375	0.45	48.769	73.154	181.158	79.843
1.80	2.543	25.20	9.00	64.084	128.167	121.500	0.47	57.305	85.957	214.124	84.201
1.90	2.929	26.60	9.50	77.911	155.823	135.375	0.47	63.626	95.439	251.262	89.199
2.00	3.140	28.00	10.00	87.920	175.840	150.000	0.50	75.000	112.500	288.340	91.828

B — *Pour le troisième ordre de proportion et pour un espacement entre axes de 5 diamètres.*

PILIERS.			Ouverture des travées.	Cube des piliers.	Poids à 2,000 kilos le mètre cube.	VOUTE.				POIDS SUPPORTÉ PAR	
Diamètres équivalent.	Section horizontale.	Hauteur.				Surface portant sur le pilier.	Epaisseur moyenne double-voûte.	Cube.	Poids à 1,500 kil. le mètre cube.	Pilier.	Mètre carré.
mètres.	mètres.	mètres.	mètres.	mètres.	kilos.	mètres.	mètres.	mètres.	kilos.	kilos.	kilos.
0.50	0.196	10.00	2.50	1.960	3.920	9.375	0.30	2.802	4.203	8.123	41.444
0.60	0.283	12.00	3.00	3.396	6.792	13.500	0.33	4.455	6.682	13.474	47.611
0.70	0.385	14.00	3.50	5.390	10.780	18.375	0.33	6.064	9.096	19.876	51.626
0.80	0.502	16.00	4.00	8.032	16.064	24.000	0.35	8.400	12.600	28.664	57.100
0.90	0.636	18.00	4.50	11.448	22.896	30.375	0.35	10.631	15.947	38.843	61.074
1.00	0.785	20.00	5.00	15.700	31.400	37.500	0.37	13.875	20.812	52.212	66.512
1.10	0.950	22.00	5.50	20.900	41.800	45.375	0.37	16.789	25.184	66.984	70.509
1.20	1.130	24.00	6.00	27.120	54.220	54.000	0.40	21.600	32.400	86.620	76.654
1.30	1.377	26.00	6.50	35.802	71.604	63.375	0.40	25.350	38.025	109.629	79.614
1.40	1.539	28.00	7.00	43.092	86.184	73.500	0.43	31.605	47.475	133.659	86.848
1.50	1.766	30.00	7.50	52.980	105.960	84.375	0.43	36.281	54.421	160.381	90.815
1.60	2.010	32.80	8.00	64.320	128.640	96.000	0.45	41.280	61.920	190.560	94.806
1.70	2.269	34.00	8.50	77.146	154.292	108.375	0.45	48.769	73.154	227.446	100.241
1.80	2.543	36.00	9.00	91.548	183.096	121.500	0.47	57.305	85.957	269.953	105.801
1.90	2.929	38.00	9.50	111.302	222.604	135.375	0.47	63.626	95.439	318.043	108.584
2.00	3.140	40.00	10.00	125.600	251.200	150.000	0.50	75.000	112.500	363.700	115.828

C. *Pour le cinquième ordre de proportion et pour un espacement entre axes de* **5** *diamètres.*

PILIERS.			Ouverture des travées.	Cube des piliers.	Poids à 2,000 kilos le mètre cube.	VOUTE.				POIDS SUPPORTÉ PAR	
Diamètres équivalent.	Section horizontale.	Hauteur.				Surface portant sur le pilier.	Epaisseur moyenne double-voûte.	Cube.	Poids à 1,500 kil. le mètre cube.	Pilier.	Mètre carré.
mètres.	mètres.	mètres.	mètres.	mètres.	kilos.	mètres.	mètres.	mètres.	kilos.	kilos.	kilos.
0.50	0.196	13.00	2.50	2.548	5.096	9.375	0.30	2.802	4.203	9.299	47.444
0.60	0.283	15.60	3.00	4.415	8.829	13.500	0.33	4.445	6.682	15.511	54.880
0.70	0.385	18.20	3.50	7.007	14.014	18.375	0.33	6.064	9.096	23.410	60.026
0.80	0.502	20.80	4.00	10.441	20.883	24.000	0.35	8.400	12.600	33.483	66.699
0.90	0.636	23.40	4.50	14.882	29.765	30.375	0.35	10.631	15.947	45.712	72.031
1.00	0.785	26.00	5.00	20.410	40.820	37.500	0.37	13.875	20.812	61.632	78.512
1.10	0.950	28.60	5.50	27.470	54.340	45.375	0.37	16.789	25.184	79.524	82.656
1.20	1.130	31.20	6.00	35.256	70.512	54.000	0.40	21.600	32.400	102.912	91.080
1.30	1.377	33.80	6.50	46.540	93.080	63.375	0.40	25.350	38.025	131.105	95.210
1.40	1.539	36.40	7.00	56.020	112.040	73.500	0.43	31.605	47.475	159.515	103.648
1.50	1.766	39.00	7.50	68.874	137.748	84.375	0.43	36.281	54.421	192.169	108.816
1.60	2.010	41.60	8.00	83.646	167.232	96.000	0.45	41.280	61.920	229.152	114.005
1.70	2.269	44.20	8.50	99.890	199.779	108.375	0.45	48.768	73.154	272.933	120.288
1.80	2.543	46.80	9.00	119.012	238.025	121.500	0.47	57.305	85.957	323.982	127.401
1.90	2.929	49.40	9.50	144.693	289.385	135.375	0.47	63.626	95.439	384.824	131.384
2.00	3.140	52.00	10.00	163.280	326.560	150.000	0.50	75.000	112.500	439.060	139.828

Les tables, pour les deuxième et quatrième ordres, se déduiront des trois précédentes, en prenant les moyennes des nombres correspondants entre le premier et le troisième ordre et entre le troisième et le cinquième.

Ces tables étant calculées pour des entre axes de piliers de 5 diamètres, il faudrait seulement modifier les calculs des arcs et des voûtes, si l'on voulait employer des entre axes de 4 et de 6 diamètres; mais la différence dans les résultats est d'ailleurs peu importante.

Comme étude intéressante, on pourrait composer quatre églises pour chacun des tableaux ci-dessus: elles seraient toutes de dimensions très-différentes et, en variant la courbure des arcs et des voûtes et l'ornementation, elles n'auraient aucune ressemblance les unes avec les autres. Nous recommandons cette étude aux élèves.

APPENDICE.

PROJET D'UN PALAIS DE L'INDUSTRIE

ET DES BEAUX-ARTS.

Les expositions universelles des produits de l'industrie sont naturellement en progrès, parce qu'elles sont un besoin généralement compris de notre époque ; mais les édifices ou palais qui renferment ces merveilles industrielles et artistiques sont bien loin de s'harmoniser avec elles; car, jusqu'à présent, ces immenses constructions en fer et en verre ne sont remarquables que par leur vaste étendue et n'ont rien de véritablement monumental.

L'Angleterre a ouvert la voie des expositions universelles, en 1851, par le palais de cristal de Hyde-Park. Cet édifice sans aucun caractère n'était qu'une immense serre-chaude; il fut aussitôt démoli et, avec une partie de ses matériaux, on éleva le palais de Sydenham dans le même style et qui, malgré son heureuse et magnifique situation, n'est encore qu'une immense serre-chaude. Ses détails intérieurs, formés de diverses parties d'édifices historiques d'un grand intérêt placées sous ces voûtes de verre si elevées, s'amoindrissent et font l'effet de petits modèles déposés dans un musée sans contribuer en rien à la beauté de l'ensemble où, malgré sa grandeur, tout parait grêle et mesquin.

Le palais des Champs-Élysées à Paris est mieux disposé et

plus régulier ; il est entouré de murs en maçonnerie percés d'arcades qui lui donnent l'apparence d'un palais, du moins à l'extérieur ; mais son intérieur, trop uniforme et trop grêle dans ses proportions de détails, ressemble encore à une serre-chaude qui, après un moment de réflexion, ne présente plus rien qui réveille et exalte l'esprit de l'art.

Après ces exemples, on a enfin reconnu que le fer et le verre, comme on les a employés dans ces grandes constructions, n'ont pas la force de résistance des autres matériaux et qu'ils nécessitent des réparations continuelles qui finissent, à la longue, par coûter plus cher que de solides maçonneries qui peuvent durer plusieurs siècles.

On a remarqué, en outre, que les voûtes en verre ont le défaut de répandre trop uniformément la lumière dans toutes les directions, et d'obliger les exposants à employer toutes sortes d'expédients pour distribuer convenablement les ombres, surtout dans les galeries où sont placées les œuvres d'art.

Pour éviter ces fâcheux inconvénients, les auteurs du nouveau palais de Kensington-Gore, qui a été si laborieusement exécuté de 1861 à 1862, ont eu l'idée d'imiter l'enveloppe du palais des Champs-Élysées en construisant les murs d'enceinte en maçonnerie de brique percée d'arcades pour faire entrer la lumière par les côtés ; mais, les grandes cours intérieures étant couvertes en fer et en verre, les inconvénients que nous venons de signaler n'ont pu être évités qu'en partie. Si l'on n'avait pas été beaucoup trop pressé, l'étude de ce gigantesque palais aurait dû être donnée au concours universel des artistes de l'Europe ; mais le temps manquait et il en est nécessairement résulté qu'il est très-mal disposé dans son ensemble ; il n'a même pas le mérite si vulgaire de la régularité, et moins encore celui de la solidité ; il ne satisfait pas aux conditions les plus essentielles des édifices, il pèche par la base qui manque de stabilité. Ses deux immenses coupoles de fer et de verre, véritable tour de force et de hardiesse mécanique, sont de mauvais goût et trop éloignées l'une de l'autre : les Anglais eux-mêmes les ont nommées *glass-crinolines*, et l'on ne peut disconvenir que les détails et l'ensemble de l'édifice sont mal composés au point de vue de l'art architectural.

Ce colossal édifice n'est imposant que par sa grandeur et ne peut servir de modèle aux palais de l'avenir, destinés à l'exposition universelle et permanente des produits de l'industrie et des beaux-arts; aucune nation n'imitera assurément ses formes et ses proportions, ni sa disposition générale. Les Anglais ont le génie commercial et industriel, mais le génie des beaux-arts leur fait souvent défaut; ils savent retirer un grand profit de toutes leurs entreprises : c'est là le point essentiel pour eux, l'art en lui-même n'est qu'une question secondaire; ils ne comprennent pas encore l'esthétique comme les Français; et, nous le disons avec regret, ils paraissent ignorer que l'on ne peut servir à la fois deux maîtres: Dieu et l'argent, la patrie et l'humanité entière; et cependant l'enthousiasme philanthropique déborde de toutes parts chez ce grand peuple; explique qui pourra ces anomalies.

Les Anglais nous ont appris que l'on peut retirer un grand bénéfice d'un vaste édifice destiné à l'exposition universelle des produits de l'industrie, et cette idée, uniquement commerciale ou financière, vient de donner naissance à une société civile qui va construire un nouveau palais de l'industrie qui sera encore trop restreint dans ses dimensions et qui, par conséquent, n'atteindra pas le but que l'on doit se proposer, et l'on en viendra plus tard à édifier sur de larges proportions le véritable palais des beaux-arts et de l'industrie qui doit refléchir toutes les gloires de la France.

Le décret du 27 mars 1852 ordonnait de faire étudier le projet d'un palais destiné aux expositions de l'industrie nationale, et pouvant servir en même temps aux grandes cérémonies publiques et aux fêtes civiles et militaires. Nous nous empressâmes, dès le 4 avril 1852, de présenter au Gouvernement le programme et le plan de ce projet; il fut trouvé trop colossal à cette époque; mais aujourd'hui, que l'exposition doit être universelle et permanente, un palais de 150,000 mètres ou de

15 hectares de superficie est devenu nécessaire pour satisfaire les besoins de notre civilisation progressive.

Rappelons, en quelques mots, le plan d'ensemble de ce palais, tel que nous l'avons conçu il y a dix ans.

Le monument que la France se propose d'élever aux arts et à l'industrie, devant être définitif et servir d'ailleurs à divers usages, doit réfléchir le génie de la nation et montrer, par sa belle exécution, le degré d'avancement des sciences et des arts au XIXe siècle. Ainsi, au lieu de longues galeries uniformes en ligne droite, dont la perspective est perdue par leur trop grande étendue, il est plus convenable de diviser l'espace nécessaire en plusieurs galeries distinctes et séparées, communiquant les unes avec les autres. Le plan du monument pourrait avoir la forme générale d'une H, selon le terrain sur lequel il sera édifié, et se composer de trois grands palais sur la ligne centrale, et de quatre palais moins étendus placés aux quatre extrémités du plan. Ces sept palais seraient reliés entr'eux par six grandes galeries qui, elles-mêmes, seraient divisées en deux par leur milieu, pour ne former qu'un seul et même ensemble, savoir :

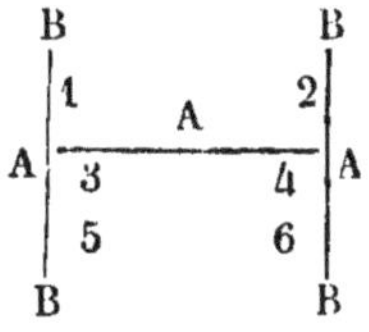

```
 B           B
 |1    A    2|
A|-----------|A
 |3         4|
 |5         6|
 B           B
```

A, A, A, trois vastes palais construits en maçonnerie, avec cours intérieures octogonales de 82 mètres de diamètre ; cette disposition a le grand avantage de faire librement circuler la foule dans toutes les directions, ce qui est de la plus haute importance pour éviter les accidents que produisent trop souvent les grandes agglomérations de population.

Des tours et des tourelles de diverses formes seront élevées à tous les angles des murs pour les dissimuler ; elles seront au nombre de quarante dans chaque palais. La hauteur des murs sur lesquels reposeront les combles du palais aura 20 à 22 mètres, et celle des tours 24 à 30 mètres ; ces combles, plus ou moins élevés, seront en fer et en tôle galvanisée. Le diamètre des tours

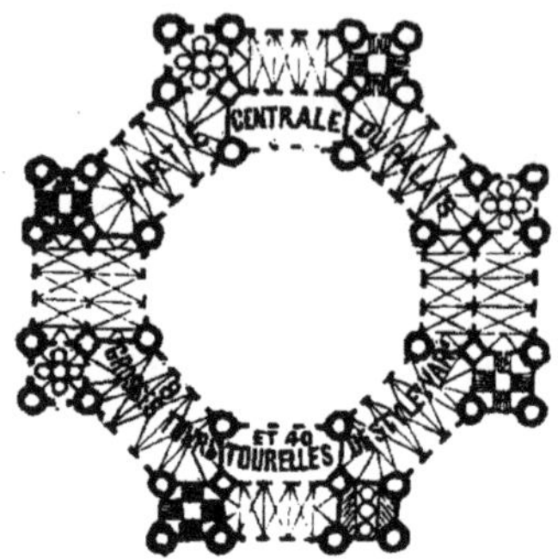

pourra varier intérieurement de 5 à 10 mètres, mais toutes celles placées sur le même plan visuel auront la même hauteur pour chaque palais : ce qui leur donnera un aspect tout-à-fait pyramidal et en quelque sorte féerique, relativement aux plates et trop uniformes constructions que nous élevons depuis deux siècles et qui le plus souvent n'ont aucun caractère.

B, B, B, B, quatre édifices placés aux quatre extrémités du monument et de moins grandes dimensions que les trois palais A, A, A. Deux de ces édifices auront des cours intérieures de 48 à 60 mètres de diamètre ; une de ces cours, destinée aux grands concerts de nuit, sera couverte par une voûte annulaire en verre reposant sur une colonne centrale ; les deux autres édifices des extrémités opposées seront destinés, l'un à un grand théâtre couvert, et l'autre à un amphithéâtre découvert, analogue au Colysée de Rome.

1, 2, 3, 4, 5, 6, six grandes galeries reliant les sept palais entr'eux ; elles auront chacune 220 mètres de longueur sur 70 mètres de largeur ; elles seront divisées transversalement par des piliers et des colonnes, comme suit : nef centrale, de 20 mètres au plus de largeur et de 30 à 40 mètres de hauteur formant trois étages ; rez-de-chaussée, au moins 12 mètres ; galeries supérieures, 8 à 10 mètres, et clérestory 8 à 10 mètres. Deux nefs latérales ou bas-côtés de 10 mètres de largeur, avec deux entrecolonnements de 5 mètres de chaque côté de la grande nef centrale et destinés à l'exposition des produits ; plus 5 mètres contre les murs d'enceinte pour dépôts de produits et appartements fermés loués aux exposants Ces pièces latérales, de 25 mètres carrés environ, seront superposées et formeront quatre étages embrassant le contour entier des galeries, ce qui portera leur nombre à 1,920, et en les louant 1,000 fr. par an l'une, le revenu s'élèverait à près de deux millions, auxquels il faut ajouter le revenu de la location des palais et des places des objets exposés le long des nefs du rez-de-chaussée et des galeries au premier étage ; de sorte que nous serons au-dessous de la réalité en estimant le revenu total des loyers à trois millions ou à 20 fr. le mètre carré de bâtiment par an.

Les sept palais et les six galeries qui les relient seront construits en maçonnerie de brique, de pierres de taille, de diverses sortes et de diverses couleurs. Dans l'état actuel de l'industrie et aussi pour éviter les incendies, les voûtes et les combles de ce vaste monument seront en fer et en tôle galvanisée, et, pour quelques parties seulement, en verre où une grande abondance de lumière sera nécessaire. En général, la lumière pénétrera par les ouvertures verticales des côtés ou clérestory, afin que les objets exposés soient vus dans le jour le plus favorable pour les mieux apprécier.

Il conviendrait, sous plusieurs rapports et particulièrement sous celui de l'économie, d'adopter de préférence la maçonnerie de brique qui, étant bien construite, traverse les siècles sans éprouver la moindre altération, comme on en voit un bel exemple par la cathédrale d'Albi, le plus grand édifice en brique de la France. Cette église, bâtie dans le XIIIe siècle, est cependant dans un état parfait de conservation, tandis que le plus grand nombre des édifices élevés à la même époque, et bâtis en pierre de taille, sont généralement délabrés au point que leur restauration équivaut souvent à une reconstruction. Les reprises en sous-œuvre sont d'ailleurs bien plus faciles à faire sur de la maçonnerie de brique que sur la pierre et coûtent beaucoup moins cher. Outre la magnifique cathédrale d'Albi, on peut encore citer les églises des Cordeliers et des Jacobins de Toulouse, ainsi qu'un grand nombre de bâtiments construits en brique qui sont très-bien conservés malgré les mutilations qu'ils ont subis et qui les ont bien plus dégradés que le temps. La fabrication de la brique est du reste très-perfectionnée de nos jours; lorsqu'elle est bien cuite et composée de terre alumineuse légèrement calcaire et sans oxyde de fer, elle a une couleur blanche d'une teinte un peu jaunâtre plus chaude que la pierre et qui produit un meilleur effet. Cette terre, bien préparée, se prête au moulage des ornements les plus délicats et sur lesquels les influences atmosphériques n'ont aucune action; c'est là un fait passé à l'état pratique depuis long-temps, et nous avons nous-même construit une chapelle en 1843, exposée en plein vent d'ouest, avec des ornements évidés moulés sur ceux du chœur d'Albi, qui ont très-bien résisté aux gelées et à l'humidité d'un climat excessif; car, ils sont intacts depuis vingt ans et rien n'indique qu'ils puissent être attaqués dans l'avenir. Ce genre de construction devrait donc être plus généralement employé, parce qu'il est plus solide et beaucoup plus économique que l'emploi ordinaire de la pierre de taille dans le plus grand nombre de cas. Du reste, rien n'est absolu et, nous l'avons déja dit, toutes sortes de matériaux peuvent et doivent être employés dans la construction de cet immense édifice.

On se demandera d'abord quel serait le genre d'architecture le plus convenable pour ce monument qui, par sa destination, devrait s'harmoniser avec les idées de tous les peuples. La solution de cette question n'est pas si difficile qu'elle le paraît au premier abord. Nous adopterons tous les genres d'architecture anciens et modernes, sans toutefois nous écarter du principe de l'unité dans la variété; mais, pour éviter la confusion et harmoniser tous les détails avec l'ensemble du monument, nous traiterons chaque partie intérieure et extérieure, de manière que l'œil ne puisse apercevoir qu'un seul genre à la fois sur le même plan. La confusion ou le mélange des styles est ainsi impossible, puisque chaque partie, galerie ou palais, est parfaitement distincte et comme si elle était séparée de l'ensemble de l'édifice.

Les galeries seront divisées en deux parties par un transept placé dans leur milieu et de la même largeur que la nef centrale ; nous aurons par conséquent douze galeries distinctes et de styles différents, au lieu de six. Les soutiens isolés, colonnes ou piliers de l'intérieur, pourront être inégalement espacés pour chaque galerie; leur formes et leurs proportions seront projetées dans les genres et les styles suivants.

1. Égyptien à 2 étages, voûte plate en fer suspendu au comble. — Vitrerie jaune.

2. Grec à 2 étages de colonnes, ordres dorique, ionique et corinthien. — Voûte plate.

3. Romain, idem. — Voûte en plein-cintre, époque d'Auguste.

4. Byzantin et arabe à 2 étages. — Voûtes et coupoles variées.

5. Roman des XIe et XIIe siècles, des meilleurs modèles plein-cintre.

6. Ogivique du XIIIe siècle, de nos plus belles cathédrales françaises.

7. Ogivique du XIVe siècle, de nos plus belles cathédrales.

8. Ogivique du XVe siècle, idem, et des hôtels-de-ville du Nord.

9. Renaissance italienne des XVe et XVIe siècles.

10. Renaissance française du XVIe siècle et de nos châteaux royaux.

11. Moderne du XVIIe siècle, Louis XIV.

12. Moderne du XIXe siècle, style le plus difficile à saisir à cause de son indécision.

Les sept palais, ne pouvant être vus du même coup-d'œil à cause de leur éloignement, à 270 mètres les uns des autres, seront comme les galeries de styles variés, savoir : 1° romain ; 2° roman ; 3° byzantin ; 4° ogivique ; 5° Renaissance ; 6° XVIIe siècle ; 7° moderne XIXe siècle.

Le monument que nous proposons d'élever aux arts et aux sciences historiques doit présenter tous les genres d'architecture sans la moindre confusion, on doit y trouver les détails de l'art de tous les peuples et particulièrement l'art français depuis le XIe siècle jusqu'à nos jours ; c'est une œuvre tout à la fois architectonique et archéologique qu'il s'agit d'édifier. Tel est, d'après nous, le caractère que doit avoir ce monument pour bien remplir sa destination et réfléchir le génie de la France.

Par cette description sommaire, on peut néanmoins apprécier l'énorme différence qui existerait entre le monument proposé et celui que vient de construire l'Angleterre. L'un représente le génie de l'art par un splendide palais sans pareil, et l'autre le génie industriel par une immense fabrique, malgré la peinture et la dorure qui la décorent.

Quant à la place que devrait occuper le monument que nous proposons, nous n'en voyons qu'une seule de convenable à Paris : c'est la partie nord du bois de Boulogne. On y arriverait d'un côté par l'avenue de l'Impératrice, et de l'autre par la porte Maillot, sur l'avenue de Neuilly et de l'arc de l'Étoile, la plus belle avenue du monde par sa grandeur et ses monuments. Cet immense palais embellirait la promenade du bois, qui est le rendez-vous journalier de la classe riche, et qui deviendrait celui de toute la population, qui pourrait y arriver les jours de fête, de toutes les parties de la capitale, par le chemin de fer de ceinture.

Les dépenses de la construction seraient considérables, mais le revenu des locations permanentes serait d'environ 10 pour °/₀ du capital ; car nous avons estimé cette immense construction la somme de 30 millions, et le revenu des loyers celle de 3 millions par an. Le terrain du bois de Boulogne venant d'être concédé gratuitement à la ville de Paris, il serait naturel qu'elle se chargeât d'édifier le monument à l'aide d'une combinaison financière, où elle admettrait des actionnaires pour se procurer les fonds nécessaires et ne pas déranger l'économie de son budget. Cependant, si la ville de Paris ne voulait pas se charger directement de cette grande entreprise, une compagnie s'en chargerait bien vite, pourvu qu'on lui concédât le terrain à titre gratuit pour une assez longue période de temps.

En résumé, le monument que nous venons de décrire ne

saurait être comparé à ceux du même genre qui l'ont précédé, ni à celui qu'une société financière se propose de construire : celui-ci n'aura que 116,000 mètres de superficie avec ses annexes et ne doit, dit-on, coûter que 8 millions, c'est-à-dire 69 francs le mètre carré de bâtiment, ce qui suppose l'intention de construire simplement un vaste bazar et non un splendide palais architectural. Le monument du bois de Boulogne aurait 150,000 mètres de superficie, sans y comprendre les annexes que l'on pourrait construire plus tard s'il en était besoin ; il coûterait 30 millions, c'est-à-dire 200 francs le mètre carré de bâtiment. On voit la différence, et chacun peut facilement en déduire les conséquences.

Le grand projet que nous proposons ne peut être exécuté avec la promptitude dont les Anglais viennent de nous donner l'exemple. Il faudrait au moins quatre ou cinq ans pour bien édifier un monument aussi considérable, et qui, d'ailleurs, exigera d'immenses études archéologiques au-dessus de la force d'un seul homme. Le Gouvernement devrait, en conséquence, s'empresser de mettre au concours universel chacun des sept palais avec deux galeries adjacentes d'un style différent, pour lesquels il serait décerné sept grands premiers prix et sept prix secondaires. Cette division des études en sept parties est nécessaire, à cause de la diversité des genres et des styles qui doivent être employés ; le Gouvernement choisirait ensuite un architecte-directeur des travaux pour relier et harmoniser entr'eux les sept projets couronnés. Par ce moyen, on approcherait bien plus de la perfection que si un seul architecte, quel que soit son mérite, était chargé de l'étude entière d'un projet qui exige une si grande variété de connaissances archéologiques et architectoniques.

L'exécution du monument serait également divisée en sept entreprises distinctes et marchant simultanément, ce qui abrégerait beaucoup le temps de la construction de ce grand ouvrage.

AUGUSTE DU PEYRAT.

Beyrie, par Mugron (Landes).— Octobre 1862.

Caen, typ. de A. Hardel.

www.ingramcontent.com/pod-product-compliance
Ingram Content Group UK Ltd.
Pitfield, Milton Keynes, MK11 3LW, UK
UKHW021146260726
13994UKWH00001B/317

9 782329 425313